Kristin Fieseler

Glücksorte in Paderborn

Fahr hin & werd glücklich

Dieses
Glücksbuch
ist für

Liebe Glücksuchende,

schon als Studentin war mir Paderborn ans Herz gewachsen und ich verbinde viele glückliche Momente mit dieser Stadt. Egal ob ich an den Fischteichen gejoggt bin oder meine Kinder auf dem Spielplatz herumtollen ließ. Auch der Quellkeller als kühlster Platz an heißen Tagen, den ich damals mit meiner Mutter besucht hatte, ist eine schöne Erinnerung. Das Zauberhafteste in Paderborn ist der Humor der Einheimischen. Und gleich danach kommt ein großes Gefühl für Verantwortung für die Zukunft. Der beste Moment war allerdings, als ich meinen Mann an den Schaukästen der Neuen Westfälischen am Westerntor traf.
Mit diesem Reiseführer, den Sie in den Händen halten, habe ich ein einzigartiges Abenteuer erlebt. Ich war begeistert von der Natur am Güsenhofsee, der guten Laune im Tonstudio treesonsrecords, der Kreativität bei FreiWerk, dem erstaunlichen Alter einer Linde, den knuffigen Alpakas und der beflügelnden Geschichte des Westfensters der Abdinghofkirche.
Ich wünsche Ihnen, dass der magische Funken überspringt.

Ihre Kristin Fieseler

GLÜCK

Deine Glücksorte ...

... noch mehr Glück für dich

Stimmungsvolle Ruhe

1

Der Dom in der Innenstadt

Wer beim Stadtbummel eine Auszeit vom Trubel der Fußgängerzone braucht, findet im Dom eine wundervolle Ruheoase. Selbst wenn sich zur fünften Jahreszeit in Paderborn, zum Liborifest im Sommer, große Menschenmengen in der Innenstadt tummeln, ist in seinem Inneren vom hektischen Treiben nichts mehr zu spüren. Detailverliebte Figuren laden zum Bestaunen und stillen Verweilen ein und die großzügige Architektur verleiht ein Gefühl von innerer Weite. Der Dom in seiner heutigen Form wurde zwischen 1215 und 1280 aus hellem Sandstein erbaut und nach dem Zweiten Weltkrieg mit minimalen Veränderungen restauriert. Im Paradiesportal empfängt die Patronin des Doms, Maria mit dem Kind, die Besucherinnen und Besucher. Ihr zur Seite stehen Apostel und Heilige. Sobald man den Dom betreten hat, fällt linker Hand das hoch aufragende Grabmal von Dietrich von Fürstenberg (ehemaliger Fürstbischof von Paderborn, 1546–1618) auf, das Heinrich Gröninger zwischen Renaissance und Barock erschaffen hat. Wer den Treppen unter dem Altar hinab folgt, stößt in der Krypta auf das Grab des heiligen Liborius, der Namens- und Schutzpatron des Liborifests im Sommer ist.

TIPP

Mittwochs um 15 Uhr sowie samstags um 10:30 Uhr und 14:30 Uhr finden öffentliche Führungen statt.

Eine kleine Berühmtheit versteckt sich hingegen ein wenig im Dom: das Drei-Hasen-Fenster. Kaum ein Besucher kann sich der magischen Anziehungskraft der Spirale aus drei Hasen, die aus braunem Sandstein gefertigt ist, entziehen. Man findet dieses Kunstwerk im Innenhof des Kreuzganges – und wenn man davorsteht, versteht man endlich den Paderborner Spruch: „Der Hasen und der Löffel drei und doch hat jeder Hase zwei." Vor dem Fenster plätschert klares Wasser in einem edlen Pfauenbrunnen beruhigend vor sich hin und lädt dazu ein, die erhabene Schönheit des Kunstwerkes ganz still auf sich wirken zu lassen. Es ist ein zeitloses Sinnbild für das Werden, Vergehen und Wiederkommen in der Natur. Hier kann man sich schon einmal in seinen Gedanken verlieren. Wer also in den späten Abendstunden den Dom besucht, sollte sich nicht zu weit weg träumen, um sich nicht ungewollt einschließen zu lassen.

- Hoher Dom zu Paderborn, Domplatz 3, 33098 Paderborn, Tel. (0 52 51) 1 25 16 30
  www.erzbistum-paderborn.de/dom
- ÖPNV: Bus 2, 3, 7, 8, 68, Haltestelle Am Bogen

Gute-Laune-Zeit

2 Die Kulturwerkstatt im Riemekeviertel

Nicht nur Kleinkunst, Kabarett, Theater, Koch- und Zaubershows sowie Tanz und Konzerte, auch Ausstellungen und anregende Diskussionen gehören zum abwechslungsreichen Programm der 1988 eröffneten Kulturwerkstatt in Paderborn. Die Kulturwerkstatt, auch Kulte genannt, versteht sich als Zusammenschluss freier Kulturschaffender und gesellschaftlich und kulturell aktiver Vereinigungen. Bereits 110 Gruppen und Einzelmitglieder zählt die Kulte, um Kultur und Gesellschaft Paderborns zu bereichern. Die Mitglieder geben hier den Ton an und liefern abwechslungsreichen Inhalt, der immer wieder neue Aspekte im kulturellen und gesellschaftlichen Miteinander beleuchtet. Die Logistik und die Finanzierung erfolgen durch die Stadt Paderborn. Die Mitglieder sind lediglich für Inhalt und Ablauf der Veranstaltungen verantwortlich. Menschen, die einen bereichernden Beitrag zur kulturellen Vielfalt in Paderborn liefern können, sind herzlich dazu eingeladen, Mitglied der Kulte zu werden – das ist übrigens kostenlos. Nach einem wertschätzenden Regelwerk entscheidet dann der Vorstand, wer fortan das Programm der Kulte kreativ mitgestalten wird.

TIPP

Die Karten für die jeweilige Veranstaltung vorbestellen.

Zu den zehn Vorstandsmitgliedern gehört Karsten Strack, der nicht nur künstlerischer Leiter des Literaturbüros OWL ist, sondern auch den Lektora Verlag leitet. Dank seiner Hilfe finden regelmäßig Poetry Slams in der Kulte statt.

Wer gerne selbst kocht und es genießt, seine Speisen individuell hinsichtlich Zutaten und Mengen zuzubereiten, der findet auch Events wie die Kochshow von Radiokoch Helmut Gote in der Kulte. Helmut Gote, der für seine Samstagnachmittag-Sendung beim WDR-Radio bekannt ist, vermittelt gerne ein Stück Lebensqualität fernab der Hektik. Sich Zeit nehmen, die sinnliche Erfahrung auf dem Wochenmarkt einzukaufen und schließlich Seelennahrung in der eigenen Küche kreativ zu erschaffen, kann die Fülle des Lebens erweitern. Rezepte wie das Westbengalische Garnelen-Curry und die Gütersloher Pute Züricher Art verführen zum Nachmachen.

- Kulturwerkstatt, Bahnhofstraße 64, 33102 Paderborn, Tel. (0 52 51) 8 81 49 99 www.paderborn.de/microsite/kulte
- ÖPNV: Bus 2, 24, 28, Haltestelle Klöcknerstraße

Fantastische Eissorten

3

Eiscafé Artusa am Marienplatz

Rosa Rhabarbereis mit hauchfeinem, säuerlichem Geschmack und Fruchtstückchen schmilzt verwöhnend zart auf der Zunge. Malagaeis in einem sonnigen sizilianischen Gelbton schmeckt sahnig-lecker. Erfrischendes Zitroneneis fordert die Geschmacksknospen der Zunge heraus. Aber genauso entführt fruchtig-fröhliches Mangoeis in einem satten Orangeton direkt ins Eis-Schlaraffenland. Kurzum: Die äußerst vielfältige Auswahl im Eiscafé Artusa mitten in der Innenstadt ist einzigartig. Denn auch eine vielversprechende Eissorte wie beispielsweise Best of Italy ist einfach nur schokoladig vollmundig.

Wenn die Sonne brütend warm strahlt und der Körper nach etwas Kühlem verlangt, kommt man an diesen Seelennahrungs-Eissorten nicht vorbei. Es sind sogar Kundenwünsche bei den Eissorten realisiert worden. Wer sich außerdem glutenfrei, vegan oder laktosefrei ernährt, wird hier ebenso glücklich. Das Eis vom Eiscafé Artusa ist zudem ein leichter Genuss, der ohne Konservierungsmittel auskommt. Man kann sein Eis sowohl in der Waffel als auch im Becher mitnehmen oder in den Freiluftmonaten gemütlich draußen an einem der Tische essen. Selbst gebackene Waffeln, Crêpes, Apfelstrudel und selbst gemachtes Tiramisu versüßen den Aufenthalt in diesem Eiscafé ganz in der Nähe des Rathauses. Dazu trinkt man eine typische italienische Kaffeespezialität.

Das Artusa ist somit Meister im Verwöhnen des Gaumens und wird bereits in der dritten Generation geführt. Das Eiscafé gibt es seit den 1980er-Jahren. Und es ist egal, wann man diese Wohlfühloase aufsucht: Es ist ganzjährig geöffnet. Im Herbst und Winter sitzt man im Innenbereich in einem modern eingerichteten Ambiente. Während der Rest der Familie noch die Fußgängerzone unsicher macht, kann man in aller Ruhe nebenbei in Zeitschriften blättern. Reizvoll und inspirierend ist es auch, dem geschäftigen Treiben am Marienplatz zu folgen. Man kann sich ausgiebig Zeit nehmen und herrlich genießen sowie einen vorzüglichen, freundlichen Service erleben.

TIPP

Das Zitronen-Basilikum-Eis ist wie Ferien in Italien.

- Eiscafé Artusa, Marienplatz 2, 33098 Paderborn, Tel. (0 52 51) 2 88 76 25
  www.artusa.de
- ÖPNV: diverse Busse, Haltestelle Rathausplatz

FITNESSLOFT
LOFT-Shake

Träumereien in Bits

4 Heinz Nixdorf MuseumsForum in der Fürstenallee

Mit großer Vorfreude auf zahlreiche Erlebnisse fährt man mit der Rolltreppe in die erste Etage des 1996 eröffneten Computermuseums Heinz Nixdorf MuseumsForum. Hier erfährt man beispielsweise, wie aus dem Gespräch zwischen dem Gründer des Museums, Heinz Nixdorf, und dem Erfinder Günter Baitz bereits 1984 in Berlin die Idee für ein E-Bike mit einem 12-Volt-Motor entstand. Ein ebenso beeindruckendes Exponat ist der Schachtürke. Der Hofkammerrat Wolfgang von Kempelen präsentierte den Schachroboter 1769 der Kaiserin Maria Theresia und deren Hofstaat im Schloss Schönbrunn. Der Schachtürke zwang jeden Schachgegner in die Knie. Zu Zeiten Napoleons feierte er große Erfolge in deutschen Städten, Paris und London. Sogar Napoleon selbst besiegte er. Erst später wurde aufgedeckt, dass ein Mensch in der Maschine versteckt war. Man wandelt weiter durch die Galerie der Pioniere und erfährt über die Mathematikerin Ada Lovelace, wie sie 1833 Charles Babbage traf, der als erster Computerpionier galt, und so seine Rechenmaschinen kennenlernte. Sie erkannte in Babbages Rechenmaschinen bereits die Zukunft des universellen Computers.

TIPP
Öffentliche Museumsführungen finden jeden Sonntag um 15 Uhr statt.

Wieder begibt man sich auf die Rolltreppe und landet in der zweiten Etage. Auf einem gelben Pult kann man die Bewegungen von Glückskatzen programmieren. Mit den grauen Kärtchen gibt man den Befehl, welche Glückskatzen winken oder sich drehen. Mit den gelben Kärtchen wird der jeweilige Befehl ausgeführt. Sind alle Kärtchen gelegt, drückt man auf die Play-Taste und der Spaß beginnt. Dies ist nur eins von vielen Mitmachspielen. Auf der gleichen Etage erfährt man Wissenswertes über Robotik und künstliche Intelligenz. Die Robotik hatte bereits 1205 ihren Anfang in Arabien. Die Entwicklung wird bis 2018 erklärt, denn in diesem Jahr hat Google eine künstliche Sprachausgabe generiert, die von menschlicher Konversation kaum zu unterscheiden ist. Am Ende des Besuchs klingt das Zitat von Hans Magnus Enzensberger am Ausgang nach: „Alles, was in diesem Museum zu sehen ist, wird von der Natur übertroffen.“

- Heinz Nixdorf MuseumsForum, Fürstenallee 7, 33102 Paderborn, Tel. (0 52 51) 30 66 00, www.hnf.de
- ÖPNV: Bus 11, Haltestelle MuseumsForum

Kuchen statt Kreide

5

Café Alte Schule in Schloss Hamborn

Mitten in einer hügeligen Märchenwaldidylle lädt das Café Alte Schule in Schloss Hamborn jeden Tag der Woche bis auf Montag zu einer genussvollen Auszeit ein – und das mit 100 Prozent Bioqualität. Von 1947 bis 2005 wurde in dem Gebäude noch Schulunterricht der nun nahe gelegenen Rudolf-Steiner-Schule erteilt. Zum besonderen Konzept der Waldorfschule gehört es unter anderem, die Bewegungsfreude der Schüler und Schülerinnen zu fördern – und ihre Augen für die reizvolle Landschaft ringsum zu öffnen. 2006 veränderte man das alte Schulgebäude und eröffnete ein Café, dessen Träger die KompetenzFörderung Schloss Hamborn ist. Die Berufsförderung hilft Jugendlichen mit speziellen Bedürfnissen, wieder auf die Beine zu kommen. Und auch bei den Gästen des Cafés kümmert man sich um das Wohlbefinden für Geist und Seele, genauso wie um den kulinarischen Genuss – für gute Laune sorgen zum Beispiel immer wieder klangvolle Konzerte. Die mächtigen Bäume ums Haus vermitteln den Besucherinnen und Besuchern des Cafés eine besondere Nähe zur Natur – die herrlich klare Luft und das entspannende Grün sind Urlaub für die Sinne. Während man auf der großzügigen Balkonterrasse sitzt, erkennt man bei weiterer Betrachtung des Gebäudes die typische Waldorf-Architektur. Das Runde und die rechten Winkel verhalten sich harmonisch zueinander. Auf der Terrasse kann man Kaffee und Kuchen genießen, aber auch kleine Gerichte werden serviert. Sogar Currywurst mit Pommes erhält man in Bioqualität. Ein besonderes Schmankerl sind die glutenfreien und veganen Kuchen, die ab 12 Uhr erhältlich sind.

Inspiration findet man bei den Kunstausstellungen, die regelmäßig im Café stattfinden. Oft sind es regionale Künstler und Künstlerinnen, die ihre Zeichnungen und Gemälde präsentieren. In Schloss Hamborn findet man neben der Waldorfschule übrigens noch weitere anthroposophische Betriebe wie die biodynamische Landwirtschaft mit dem Obsthof, das Altenwerk, die Reha-Klinik, den Bioladen Natura und das Landschulheim.

TIPP

Taxi Czernoch bietet eine günstige Pauschale, wenn man nach dem Konzert nicht selbst fahren will.

- Café Alte Schule, Schloss Hamborn 15, 33178 Borchen, Tel. (0 52 51) 38 94 56
  www.cafe-schloss-hamborn.de
- ÖPNV: Bus R71, Haltestelle Schloss Hamborn Mitte

Glück zum Kuscheln

6 Wollladen Handgewirk am Rathaus

Die magische Türschwelle befördert in ein Reich des Farbzaubers. Eingefangen von energiegeladenen Farben, wohliger Flauschigkeit und einem feinen Duft der edlen Tierhaare erlebt man eine zeitlose Vielfalt an Wollen und Garnen im Wollladen Handgewirk. Seit 2011 behütet Kornelia Fiege ihren liebevoll eingerichteten Wollladen. Meist sitzt sie strickend hinter ihrer Theke und ist bereit für eine stilvolle Beratung. Sie hat bereits für Erwin Grosche oder das Theater sagenhafte Einzelstücke gestrickt, wie die Fingerhandschuhe mit sieben Fingern oder den dicken Pulli für Lukas in dem Theaterstück „Jim Knopf und Lukas der Lokomotivführer".

Frau Fiege bevorzugt Wolle und Garne von kleinen Firmen und natürlich von glücklichen Tieren. Eine wahre Schatztruhe öffnet sich mit Wollen und Garnen aus den nordischen Ländern, aus England, Südamerika, Italien und Japan. Bei ihr bekommt man sogar Wolle der seltenen britischen Schafrasse Bluefaced Leicester oder Islandwolle, ökologisches und weiches Kaschmir, Bastelgarne für Makramee, Papiergarne, Hanfgarne, Leinengarne, Brennnesselgarne, Garne mit Ananasfasern, Seide von rustikal bis hochglänzend sowie Alpakawolle von fein bis dick. Aber auch Farbverlaufsgarne und Glittergarne entdeckt man in diesem Wohlfühlladen. Strick-Fans von edleren Garnen finden hier ihre inspirierenden Schätzchen: Mohairgarn mit Swarovski-Steinen oder mit Muranoglas.

TIPP

Selbstgestricktes aus japanischem Noro-Garn, das mit spezieller Färbetechnik hergestellt wurde.

Die meisten Garne sind GOTS-zertifiziert (Global Organic Textile Standard), das heißt, sie wurden menschen- und tierschonend hergestellt. Dieser Gedanke umarmt das Gewissen und bringt die Idee des Klimaschutzes weiter. Als besondere Zugabe erhält man von Frau Fiege reizvolle Einzelanleitungen und Hefte mit zahlreichen Modellen, bei denen man sofort loslegen möchte. Anleitungen der jungen Designerin PetiteKnit aus Dänemark, die Mode für jeden und mit sehr hohem Nutzwert macht, oder die pfiffigen Anleitungen der Designerin Chris-Berlin verzaubern zusätzlich.

- Handgewirk, Rathausplatz 6, 33098 Paderborn, Tel. (0 52 51) 8 76 91 57
- ÖPNV: diverse Busse, Haltestelle Rathausplatz

SCHULANA
Mohair-Tweed

Wie Dolce Vita

7 Atelier Hyazinth Pakulla im Riemekeviertel

Wenn man die sonnig-bunten Ölbilder „Limone", „Malcesine" oder „Amore Mio" vom Paderborner Künstler Hyazinth Pakulla betrachtet, erkennt man seine Vorliebe für die puren gelben, grünen, orangefarbenen und blauen Töne und vor allem seine Leidenschaft für italienische Momente im Leben, denn seine Lieblingsstadt ist Meran. Fantasievolle Motive sieht man beispielsweise im Ölbild „Die Herrscher der Lüfte" und in den äußerst stimmungsvollen Bildern, die er jedes Jahr zu Libori malt und im Geschäft „Optik am Dom" ausstellt. Seine Bilder strahlen Lebensfreude in starken und kraftvollen Farben aus. Er malt Fabeltiere, stilisierte Wesen, Ballons, Blumen und experimentiert mit Acryl- und Ölfarben sowie mit Sand auf Holz, Leinwand oder Nessel. Er mag die ganze Spannbreite der Techniken, das heißt sowohl die Transparenz der Aquarellmalerei als auch das Reliefartige bei Acryl- oder Ölmalerei. Hierbei sieht er die Natur in ihrer ganzen Vollkommenheit als großartigen Lehrmeister.

TIPP
Den Ausstellungskalender auf der Homepage anschauen.

Das Atelier wirkt wie eine kunterbunte Bonbonfabrik und nimmt mit auf eine Reise in die eigene Fantasie, fast wie in einem Buch von Jules Verne. In Hyazinth Pakullas Malkursen, die auf Anfrage buchbar sind, lernt man, Stimmungen in Farben und Motiven auszudrücken. Beispielsweise kann man die besondere Atmosphäre einer hellen Mondnacht am See einfangen. Mit dunklen Blautönen am Himmel und im Wasser und weißen Reflexionen auf der dunkelblauen Wasseroberfläche sowie dem strahlend weißen Mond, der mystisch über dem See schwebt, erschafft man eine zauberhafte Welt, die man als stiller Betrachter gerne betreten möchte. Während des konzentrierten Malens gleitet man in einen Fluss der Kreativität und steigt glücklich mit einem einzigartigen Bild als Belohnung heraus. Hyazinth Pakulla zitiert gern den englischen Essayisten, Dichter und Kritiker Leigh Hunt (1784–1859): „Farben sind das Lächeln der Natur." Und so verlässt man das vor Farben sprühende Atelier Hyazinth Pakulla auch mit einem Lächeln im Gesicht.

- Atelier Hyazinth Pakulla, Im Lohfeld 15 b, 33102 Paderborn, Tel. (01 72) 2 85 66 59
www.hyazinth-pakulla.de
- ÖPNV: Bus 6, Haltestelle Im Lohfeld

Bezauberndes Farbenspiel

8 Westfenster in der Abdinghofkirche

Wer das Paderquellgebiet über die Treppe hinauf Richtung Dom verlässt, blickt direkt auf die Abdinghofkirche Sankt Peter und Paul. Sie wurde bereits von 1016 bis 1031 als Benediktiner-Klosterkirche als dreischiffige Pfeilerbasilika von Bischof Meinwerk erbaut. 1871 wurde die restaurierte Abdinghofkirche von der evangelischen Gemeinde eingeweiht und ist bis heute Heimat der evangelisch-lutherischen Gemeinde. Die beeindruckenden Zwillingstürme des Gotteshauses sind wie die Kirche selbst im romanischen Stil gebaut. Auch das dreiteilige Westfenster, das sich in seiner Schönheit erst beim Betreten der Kirche offenbart, ist in seiner Ausstrahlungskraft einzigartig. Es zeigt im mittleren Fenster den barfüßigen Jesus in hellgrünem Gewand und mit rotem Umhang. Auf seinen Schultern trägt er ein Schaf, das er an Vorder- und Hinterbein festhält. Der beruhigende Blick des Schafes und der umsorgende Blick von Jesus vermitteln mit den farblich abgestimmten, blumigen Verzierungen eine ausbalancierte Mitte. Auf dem linken Fenster sieht man Petrus, umrankt von Blumenornamenten, in dunkelblauem Gewand und mit goldenem Umhang sowie einem Schlüssel in seiner Hand. Zu seinen Füßen ist das ursprüngliche Datum der Entstehung des Fensters zu sehen (10. bis 11. November 1883) sowie eine Darstellung von Philipp Melanchthon. Auf dem rechten Fenster ist Paulus, auch mit Blumen umschmückt, in dunkelblauem Gewand, mit grünem Umhang und einer Schriftrolle abgebildet. Unter ihm ist das Bild von Martin Luther zu sehen, der 1883 seinen 400. Geburtstag hatte, und die Worte „Von der dankbaren Gemeinde". Das Fenster war einst beim Wiederaufbau 1951 nach den Bombenangriffen im März 1945 nicht berücksichtigt. Erst durch eine Spende von Herbert Littwin, einem gebürtigen Brasilianer und Sohn eines evangelisch-lutherischen Pfarrers, konnte die Glasmalerei Peters das Westfenster detailgenau nach alten Fotovorlagen rekonstruieren, sodass es seit 2012 das Westportal der Abdinghofkirche erstrahlen lässt.

TIPP

Der ehemalige Kreuzgang und der Garten von 1015/16 sind im Neubau des Stadtmuseums integriert.

- Abdinghofkirche St. Peter und Paul, Am Abdinghof 9, 33098 Paderborn, Tel. (0 52 51) 2 53 72, www.abdinghof.de
- ÖPNV: diverse Busse, Haltestelle Rathausplatz

Hier den 10 – 11 November
1883
von der dankbaren
Gemeinde

Biene Majas Paradies

9 Zum Staudengarten in Wewer

Mit dem ersten Schritt in den Staudengarten betritt man die Welt eines geheimen, noch nicht entdeckten Gartens. Naturnahe Stauden mit einer Höhe von 1,50 Meter bis 2 Meter wachsen üppig auf einer Fläche von 1 Hektar zwischen der Alme und dem Alme-Radweg. Die Stauden sprießen wunderbar dank eines langsam wirkenden, nachhaltigen und organischen Düngers. Sie sind meist draußen herangezogen, nur in Einzelfällen werden sie im nahe gelegenen Gewächshaus gepflegt. So entwickeln sie sich alle zu robusten und langlebigen Pflanzen.
Gelbe, rosafarbene und blaue Blüten in den hohen Stauden verwöhnen das Auge. Ein bunt geblümtes Sofa lädt zum Verweilen ein, aber es gibt ja so viel zum Bestaunen in diesem herrlichen Staudengarten! Zwischen den Beeten steht eine künstlerische Säule aus Eisen, verziert mit einer Spirale und kunstvoll geschwungenen Linien die sich elegant in den Garten integriert. An beiden Seiten ist sie flankiert von Gräsern, bunt blühenden Stauden und Kräutern. Auf den Blüten des roten Sonnenhuts, der etwa 1,50 Meter hoch gewachsen ist, entdeckt man Tagpfauenaugen, Admirale und Bienen. Kein Wunder: Dem Team um Silvia Bunte und Wilhelm Beelenherm, die den Staudengarten sei 2008 führen, liegen besonders die Stauden am Herzen, die sich als Bienenweide eignen.

TIPP
Öffnungszeiten auf der Homepage beachten.

In der rechten Hälfte des Staudengartens findet man die Stauden, die zum Verkauf angeboten werden. Eine kostenlose Beratung inklusive einer Anfahrt im Umkreis von 20 Kilometern ist möglich, um die perfekten Stauden im heimischen Garten zu pflanzen. Wer einen überwiegend sonnigen Garten hat, ist gut mit einer Bergaster, die blauviolett blüht, einer rosaroten Seidenpflanze, einem weiß blühenden Lavendel, einem samtrot blühenden Fingerkraut, einer tiefrot blühenden Kokardenblume oder einem violettrosa blühenden Wollziest beraten. Und das sind nur einige Beispiele, die es hier zu bestaunen gibt. Wer sich einen naturnahen Garten wünscht, sollte den Staudengarten in der Zeit vom 15. März bis 31. Oktober besuchen.

um Staudengarten, An der Alme 1, 33106 Paderborn-Wewer,
Tel. (0 52 51) 5 48 90 09, www.zum-staudengarten.de
● ÖPNV: Bus 2, 24, 28, Haltestelle Im Tigg

Ins Glück gleiten

10 Wasserski am Nesthauser See

Man betritt den Eingang zum Nesthauser See und hört die unverkennbare Melodie von Wasserrauschen. Je mehr man sich dem Ort dieser Melodie nähert, desto grüner wird es. Bäume und Wiesenfläche breiten sich vor den Gästen aus. Auch ein kleiner Sandstrand umschmeichelt die Füße, wenn man sich barfuß durchs Gelände wagt. Vom Ufer aus kann man die Sporttreibenden im Wasser beobachten. Sie gleiten elegant über Schanzen und manche vollführen sogar kunstvolle Figuren.

Wen die Abenteuerlust gepackt hat und wer gut schwimmen kann, kann sich auf ein unvergessliches Erlebnis im Element Wasser freuen. Am Start sitzen die Wassersportler in der Hocke und halten sich mit angespannten Muskeln an der Hantel des Schlepplifts fest. Dann gibt es einen Ruck – es geht los und sie lassen sich etwas höher in der Hocke aufs Wasser ziehen. Erst wenn die Fahrposition ihnen sicher erscheint, erheben sie sich und gleiten majestätisch durchs Wasser. In jeder Kurve fahren sie geschickt durch ein rotes Bojentor und wenn der Spaß vorüber ist, durchfahren sie ein weißes Bojentor.

TIPP

Ein Imbiss am Nesthauser See sorgt fürs leibliche Wohl.

Um den Wakeboard Funpark auf dem Nesthauser See zu erkunden, braucht man eine ähnliche Ausrüstung wie beim Wasserski, also Schwimmweste und Helm. Doch man nimmt auf dem Wakeboard eine andere Körperhaltung ein: Man steht seitlich. Auf dem Board sind die Schuhe festmontiert. Hat man sich für eine Wakeboard-Fahrt entschieden, sitzt man auf der Startbank und hält die Hantel des Schlepplifts, locker auf eines der Beine gelegt, fest und hebt die Spitze des Wakeboards leicht an, wobei die Spitze in Fahrtrichtung zeigt. Sobald die Leine des Schlepplifts anzieht, hält man die Körperspannung und lässt sich in das Element allen Lebens ziehen. Bereits seit 1978 heißt es am Nesthauser See für Wassersportfans: „Los geht's." Wer sich noch nicht so recht traut, kann erst einmal zuschauen. Es ist garantiert eine große Freude, zu beobachten, wie andere ihre Kunststücke zeigen und mit einem Lachen auf dem Gesicht immer wieder an den Start gehen.

● Wasserski Paderborn, Sander Straße 160, 33106 Paderborn, Tel. (0 52 54) 6 86 60
www.wasserski-paderborn.de
● ÖPNV: Bus 6, 61, 68, Haltestelle Hohe Kamp

Bezaubernd und anziehend

11 Die Boutique Chocolat in der Innenstadt

Kubanische und argentinische Musik unterstreicht die außergewöhnliche Gute-Laune-Atmosphäre in der einzigartigen Boutique Chocolat mitten im Herzen von Paderborn. Wer sich nicht nur mal ganz farbenfroh kleiden, sondern sich schon beim Shoppen einzigartig fühlen möchte, sollte einen kleinen Abstecher in den Kleider-und-Deko-Laden wagen, dessen Inneres in allen Farben leuchtet. Seit 2008 führt die freundliche und sympathische Maida das Chocolat und beschreibt es selbst als Spiegel ihrer Seele. Egal für was man sich entscheidet, ob die geschmackvolle Tasse mit dem niedlichen Dekor, die exzentrischen Socken, das kunterbunte Kleid, mit dem man auf jeder Party garantiert auffällt, oder das T-Shirt mit dem originellen Motiv – alles ist fair gehandelt. Maida wählt ihr Sortiment liebevoll aus und teilweise sind die Sachen sogar vegan und nachhaltig produziert.

TIPP

Maida nimmt auch Wunschbestellungen entgegen.

In dieser Welt voller Zauber vergisst man schnell die Zeit und bestaunt die T-Shirts mit bunten Kaffeetassen oder kleinen Schatzinseln ebenso wie die floralen Kleider, die das Gefühl vermitteln, in einem geheimen Blumengarten zu sitzen. Die farbenfrohen Muster inspirieren dazu, sich selbst auszuprobieren und sich mit neuem Outfit vor dem großen, weiß gerahmten Spiegel zu präsentieren. Die aufmerksame und persönliche Beratung von Maida gibt es kostenlos dazu – mit den meisten Kunden und Kundinnen ist sie sogar per Du. Maida erweitert ihr Sortiment übrigens stetig und so können neuerdings auch kleine Damen und Herren Spielzeug und Bücher oder ein cooles T-Shirt mit Astronautenmotiv finden. Auch Schuhwerk passend zu den extravaganten Kleidern gibt es. Beglückende Postkarten und tiefsinnige Geschenkbüchlein kann man ebenfalls entdecken. Wer sich auf die Reise ins Wunderland einlässt, wird garantiert nicht enttäuscht werden. Und am Ende kann es durchaus sein, dass man von der fröhlichen Stimmung dieses Ladens angesteckt wird und sich dabei erwischt, wie man die Radiomusik mit den lateinamerikanischen Rhythmen nachsummt.

- Chocolat, Marienstraße 8 a, 33098 Paderborn, Tel. (0 52 51) 6 82 68 15
- ÖPNV: diverse Busse, Haltestelle Rathausplatz

Glück verschenken

12 Das Konfuzius Institut Paderborn

Benannt nach dem chinesischen Philosophen Konfuzius, der vermutlich von 591 bis 479 v. Chr. lebte, gibt es in ganz Nordrhein-Westfalen vier Konfuzius Institute. Eines davon wurde 2015 in Paderborn eröffnet und vermittelt die chinesische Kultur für die Paderborner. Es finden zum Beispiel Sprachkurse statt und einmal im Monat der kostenfreie Kultursalon. Hier werden chinesische Städte vorgestellt und man erhält Einblicke in ihre Geschichte und besondere Sehenswürdigkeiten. Man wird aber auch über Dialekt, Essen und traditionelle Volkskunst ausführlich informiert. Lebendige Vorträge wie beispielsweise über eine Stadt wie Kaifeng, die im östlichen Teil der Provinz Henan am Ufer des Gelben Flusses liegt, machen China zum Greifen nah.

Neben dem ausbalancierenden Entschleunigen, wie beispielsweise in der Teezeremonie, spielt Glück in China eine große Rolle. Der chinesische Glücksknoten, der oft aus einem roten Faden geknotet wird, ist zu feierlichen Anlässen populär. Er hat bereits seine Anfänge in der Steinzeit und entwickelte sich in der Tang-Dynastie (617–907) und Song-Dynastie (960–1279). Egal ob Hochzeit, Neujahrsfest, Geburtstag oder andere Feiern, mit dem Liebesknoten wird das Streben nach einem glücklichen Leben ausgedrückt. Ein weiteres Beispiel für Glückwünsche als Dekoration ist das chinesische Schriftzeichen für Glück auf einem Stück Stoff oder Papier, das man umgedreht aufhängt. Es entspricht dem Schriftzeichen „kommt“. Somit heißt es: Glück kommt.

TIPP

Das Mondfest mitfeiern und den Mondkuchen sowie die Tanzdarbietungen genießen.

Außerdem kann man im Konfuzius Institut einiges über die drei großen Feste in der chinesischen Kultur lernen, die meist die Familie im Mittelpunkt haben. Das größte Fest ist das Neujahrsfest. Neben dem Drachenbootfest gibt es noch das Mondfest, das zum Vollmond im September stattfindet. Beim Mondfest treffen sich die Familienmitglieder und beschauen die Schönheit des Vollmondes. Die Nichtanwesenden tun Gleiches an dem Ort, an dem sie sich gerade aufhalten – und man fühlt sich auch über weite Strecken verbunden.

- Konfuzius Institut, Neuer Platz 4, 33098 Paderborn, Tel. (0 52 51) 8 76 50 07
www.konfuzius-paderborn.de
- ÖPNV: diverse Busse, Haltestelle Rathausplatz

宫墙柳

Im Aufwind entspannen

13 Wolke 7 am Haxterberg

Wer die Hektik des Alltags hinter sich lassen und Momente der Leichtigkeit erleben möchte, sollte das Café und Restaurant Wolke 7 am Haxterberg besuchen. Auf der Terrasse kann man beobachten, wie Segelflugzeuge mit einer Seilwinde in himmlische Gefilde gezogen werden und getragen wie ein Vogel dahinschweben. Aber auch das sanfte Brummen der Motorflugzeuge beschreibt die Kräfte, die nötig sind, um diese Freiheit über den Wolken genießen zu können.

Während die nette Kellnerin die Karte reicht, schweifen die Gedanken mit in schwindelerregende Höhen und konzentrieren sich auf das Fluggefährt. Mit sehnsuchtsvollen Blicken verfolgt man es bis zum Horizont, wo es zuletzt als einsamer Punkt verblasst. Aber das nächste Motorflugzeug landet und endlich kann man sich wieder auf die Frage fokussieren, ob Mandarinen-Schmand-Torte, Sachertorte oder ein herzhafter Imbiss die bessere Wahl ist. Lange müssen die Gäste nicht warten, denn schon bekommt man das Gewünschte serviert. Der Wind flattert um die Nase und der leckere Kuchen verschwindet Stück für Stück – ein Hochgenuss. Eine heiße Schokolade oder ein Eisbecher wäre noch eine ideale Ergänzung – warum nicht beides bestellen? Die angenehme Unterhaltung durch die immer wieder startenden und landenden Flugzeuge, während man speist und trinkt, gibt das Gefühl, man befinde sich auf Wolke 7. Mit jedem weiteren Flugzeug, das man beobachtet, entspannen sich die gestressten Sinne wieder ein bedeutsames Stückchen mehr. Das süße Nichtstun genießen und das geschäftige Treiben der Piloten in ihren fliegenden Kisten bewundern. Der beflügelte Geist balanciert aus, wie ein Segelflugzeug in der Luft. Das tut gut.

TIPP
Bei der Luftsportgemeinschaft Paderborn kann man Gastflüge buchen.

Seit 2008 gibt es das Café und Restaurant Wolke 7 als Erholungsort, der Vergnügung während des Trinkens und Essens garantiert. Die Speisekarte ist sowohl für kleine als auch große Flugkapitäne und bietet eine reiche Auswahl. In den Wintermonaten, wenn die Innenräume genutzt werden, gibt es außerdem immer wieder kleine Musikkonzerte mit ausgewählten Musikern.

- Wolke 7, Husener Straße 250, 33100 Paderborn, Tel. (0 52 51) 1 42 89 77
  www.wolke7-paderborn.de
- ÖPNV: Bus 46, Haltestelle Knickweg (ab hier ca. 20 Minuten Fußweg)

24
C
D-EKRM

Heilsame Freude

14 Humorkolleg & Nasenwerkstatt auf der Lieth

Hinter dem Humorkolleg in Paderborn steckt eine Humorberaterin erster Güte: Anne Schwede. Ihr Tipp Nummer eins, um Clown zu sein, ist: Sei so authentisch wie möglich. Mit den eigenen Fehlern humor- und liebevoll umgehen und sie anderen originell präsentieren oder die Perspektive wechseln, gehört zu den anfänglichen Übungen in den Workshops. Und wer Clown ist, braucht auch einen Namen. Wie wäre es, man kombiniert sein Lieblingsessen mit dem Lieblingswort? Pfefferminze Tatsächlich, so nennt sich Anne Schwede. Eine humorvolle Lehrerin, die vom ersten Augenblick an begeistert und mit auf den Weg in die Königsklasse der Clownerie nimmt – mit in die Klinikclownerie. Was sich im ersten Moment unbequem anhört, ist ein wahrer Quell an Lebensfreude. Andere Menschen in schwierigen Situationen wie Krankheit glücklich machen, sie mit wohlwollendem Humor erheitern.

TIPP

Originelle Clownsnasen wie den Oschi kann man in der Nasenwerkstatt bestellen.

Man begibt sich wieder in die kindliche Verspieltheit, wenn man die vielfältigen Workshops des Humorkollegs besucht. Man ist wieder fünf Jahre alt, stößt an einen Stuhl und sagt einfach: „Blöder Stuhl." Man sieht eine Computermaus und füttert sie mit einem herzhaften Stück Käse. Anne Schwede betont, dass es wichtig ist, mit dem Herzen zu spielen, denn das Kostüm ist zweitrangig. Sofort hat man das Zitat von Antoine Saint-Exupéry im Kopf: „Man sieht nur mit dem Herzen gut."

Was bei den Workshops auffällt, sind die nicht vorhandenen Schulbänke. Hier wird nichts gedrückt, außer die anderen Teilnehmer und Teilnehmerinnen. Es wird mit einfallsreichen Übungen getanzt und gesprungen, musiziert und gezaubert. Eine wahre Endorphin-Dusche. Niemand kann sich dem Zauber der vielseitig begabten Clownslehrerin Anne Schwede entziehen. Bei ihr finden sogar Ingenieure und Buchhalter ihr inneres Kind und entdecken die Resilienz von Humor. Wer einen Workshop oder ein Seminar von Anne Schwede oder einem ihrer Lehrerinnen oder Lehrer in den Schulungsräumen am Frankfurter Weg besucht hat, weiß am Schluss: In jedem steckt ein Clown.

- Humorkolleg & Nasenwerkstatt, Schwaneyer Weg 7, 33100 Paderborn, Tel. (0 52 51) 7 77 85 06, www.humorkolleg.de
- ÖPNV: Bus 4, Haltestelle Hochstiftstraße

Jeder Tag ein Fest

15 Libori in der Innenstadt

Seit 1521 feiern die Paderborner ihre fünfte Jahreszeit jedes Jahr Ende Juli. Alles begann damit, als Bischof Erich von Braunschweig-Grubenhagen (Amtszeit von 1508 bis 1531) den Magdalenenmarkt zu Ehren des Feiertages der heiligen Maria Magdalena gründete. Der Magdalenenmarkt fand bis Anfang des 19. Jahrhunderts vor dem Westerntor statt. Danach verlegte man ihn auf den Domplatz. Hier entwickelte er sich ab Mitte des 19. Jahrhunderts zu voller Blüte und erhielt den Namen Liborimarkt.

Jedes Jahr Ende Juli erheben die acht Träger den Liborischrein mit den Reliquien des heiligen Liborius mit den Worten „Procedamus in nomine Domini" am ersten Liborisamstag in der Domkrypta und tragen ihn feierlich in den Hochchor. Ihre Kleidung besteht dabei aus fast bodenlangen Gewändern aus edlem bordeauxrotem Samt mit goldenen und grünen Verzierungen sowie bordeauxroten Kappen mit grüner Quaste. Sobald der Liboritusch drei Mal erklungen und der vergoldete Schrein mit den Reliquien des Liborius im Hochchor aufgestellt ist, ist das Liborifest offiziell eröffnet.

TIPP

Das große Feuerwerk am letzten Liboritag ist der festliche Höhepunkt.

Dann kann es endlich losgehen: Am Liboriberg liegt ein Duft von süßem Popcorn und Zuckerwatte in der Luft, vermischt mit Fischbrötchen und Würstchen. Hier entdeckt man zum Beispiel den Musikexpress, die Märchenbahn, das Kettenkarussell und Fahrgeschäfte der Superlative, bei denen schon vom Zugucken die Magengrube kribbelt. Im Riesenrad schwingt man sich in höhere Lüfte und wird mit einem einzigartigen Ausblick über Paderborn belohnt. Auf dem Pottmarkt beim Dom stöbert man in interessantem Haushaltstand und merkt, dass man doch noch nicht alles für den Haushalt besitzt. Zudem gibt es viele musikalische Events in der Innenstadt, die die Partylaune beflügeln und das Tanzbein zucken lassen. Die Stimmung auf Libori ist einfach einzigartig und es ist schnell klar, dass man nächstes Jahr wieder dabei sein will – bei diesem Erlebnis mit sorgenfreiem Vergnügen. Und wer nur im Oktober Zeit hat, kann auf das kleine Herbstlibori gehen.

- Libori, Am Liboriberg, 33098 Paderborn
  www.paderborn.de/microsite/libori
- ÖPNV: diverse Busse, Haltestelle Westerntor

Geheimer Garten

16 Arboretum im Haxtergrund

Wer ein besonderes Naturerlebnis für alle Sinne sucht, sollte das Arboretum im Haxtergrund besuchen. In diesem Baumgarten kann man ganzjährig in der faszinierenden Welt der Bäume und deren Lebewesen auf eine Entdeckungstour gehen. Die Liste der Bäume hat bisher 39 Baumarten. Jedes Jahr kommt am 25. April, am Tag des Baumes, der Baum des Jahres hinzu. Unter einem imposanten Kastanienbaum läuft man hindurch ins Innere des Arboretums, lernt einiges über Singvögel und wann sie in den Morgenstunden singen. Der melodische, flötenartige Gesang der Amsel erklingt bereits um 3:20 Uhr, wobei sie hoch oben in den Baumkronen sitzt. Die Nachtigall trällert dagegen die ganze Nacht. Der geschlängelte Weg durchs Arboretum führt beispielsweise an einer Stechpalme vorbei, deren Zweige oft für Weihnachtsdekoration genutzt werden. Eine Nordmanntanne, einen Mammutbaum, eine Winter- und eine Sommerlinde findet man auch in dieser einzigartigen Ruheoase. Sogar ein Ginkgo, über den Goethe 1815 ein rätselhaftes Gedicht geschrieben hat, zählt zu den angepflanzten Bäumen. Der Weg geht weiter vorbei an kleineren Bäumen wie einer Flatterulme oder einem Holzapfel. Ein größerer Wildkirschenbaum, der von April bis Mai herrlich duftend blüht, erhält in dieser Zeit besonders viel Besuch von Insekten. Auf dem Schild liest man, dass das Holz dieser Baumart für Musikinstrumente verbaut wird.

TIPP

Am schönsten ist es, das Arboretum im Frühling zu besuchen.

Als Nächstes sieht man auf dem Weg einen Feldahorn, dessen typische Propellerfrüchte im September wachsen. Wer kennt nicht den Brauch aus Kindheitstagen, diese Frucht aufzuklappen und auf die Nase zu kleben? Nicht nur ein niedliches Insektenhotel fällt auf, sondern auch die Baumhöhle mit der Waldbienenhaltung mitten im Arboretum. Die Zeidlerei, so nennt sich diese Art der Imkerei, hat bereits eine tausendjährige und wertvolle Tradition! Am Ende des lehrreichen Pfades kann man sich eine Pause auf einer mit einer Hainbuchenhecke überdachten Bank gönnen und diesen facettenreichen Glücksort auf sich wirken lassen.

● Arboretum, Knickweg, 33100 Paderborn
www.paderborn.de/arboretum
● ÖPNV: Bus 46, Haltestelle Knickweg (ab hier ca. 10 Minuten Fußweg)

17 „Allegorie des Glaubens“ im Diözesanmuseum

Das anmutige Lächeln der „Allegorie des Glaubens“ verzaubert spontan. Die 2,15 Meter hohe Figur aus Lindenholz, die in Bronze, Matt- und Glanzgold gefasst ist, strahlt Optimismus und Selbstvertrauen aus. Die liebevoll gestalteten Schleifen im Gewand oder der festlich wirkende, stolaartige Überwurf faszinieren ebenso wie die Frisur mit Kopfschmuck hinsichtlich der Details. In der rechten Hand hält die Figur einen Kelch mit Hostie nach oben. Während sie im Glauben an sich selbst den Arm hochhält, streckt sie im Vertrauen auf andere die linke Hand entgegen. Diese Figur war einst Teil des barocken Libori-Festaltars von 1736. Dieses Jahr war auch das 900-jährige Jubiläum der Überführung der Reliquien des heiligen Liborius, das acht Tage lang festlich begangen wurde. Ausgerichtet wurden die Feierlichkeiten vom damaligen Fürstbischof Clemens August, der von 1719 bis 1761 amtierte.

TIPP

Am ersten Mittwoch im Monat ist das Diözesanmuseum bis 20 Uhr geöffnet.

Neben der „Allegorie des Glaubens“ zählen die Figur „Allegorie der Hoffnung“, wobei deren Anker-Attribut verloren gegangen ist, die Personifikation des Hochstifts Paderborn mit Wappenschild und Krone und die Figur zur Verehrung des heiligen Liborius mit Buch und Steinen zu dem Libori-Festaltar von 1736. Über diesen Figuren schweben vier Engel, die sich einst über einem mit Seidenbrokat behangenen Baldachin befanden. Dieser Baldachin fiel dem Zweiten Weltkrieg zum Opfer und ist nicht mehr erhalten. Kurz danach stellte man die Figuren dauerhaft im Museum aus, die heute immer noch bestaunt werden können. Den Altar hatte der damalige fürstbischöfliche Hofarchitekt Franz Christoph Nagel entwickelt. Für die Ausführung war der Paderborner Bildhauer Johann Theodor Axer (1700–1764) beauftragt, der den Libori-Festaltar zusammen mit dem Kollegen Johann Philipp Pütt (1700–1768) anfertigte.

Über 8000 sehenswerte Exponate befinden sich in der Sammlung des Diözesanmuseums mit dem Schwerpunkt Heilige. Mittelalterliche und barocke Skulptur, Malerei, Textil-, Buch- und Goldschmiedekunst stehen hierbei im Vordergrund.

- Diözesanmuseum Paderborn, Markt 17, 33098 Paderborn, Tel. (0 52 51) 1 25 14 00 www.dioezesanmuseum-paderborn.de
- ÖPNV: diverse Busse, Haltestelle Rathausplatz

Romantische Grünoase

18

Gut Ringelsbruch am westlichen Stadtrand

Hohe Bäume flankieren den Eingang des denkmalgeschützten Guts Ringelsbruch. Man atmet tief durch und nimmt ein genussvolles „Waldbad". Die wohltuende Luft und das gesunde Klima, das die Bäume ausstrahlen, beschwingen die Sinne. Das Tor zum Gutsgelände ist weit aufgeschwungen. Man verlässt den Kiesweg des Parkplatzes und betritt den Weg Richtung Baumallee. In dem Schaukasten vor dem Tor kann man sich einen Überblick über die angebotenen Speisen und Getränke des Restaurants verschaffen, die Appetit auf mehr machen. Der Blick lenkt auf eine mit Blumen verzierte Schaukel. Hinter dem Herrenhaus entdeckt man zwei Mammutbäume. Links von der Allee steht die dunkelgrüne Tür des Restaurants offen – einladender kann es nicht sein. Bereits zwischen 1850 und 1860 wurde Gut Ringelsbruch von Heinrich von Köppen erbaut. 1894 ließ die jüngste Tochter von Köppens, Gräfin Anna von Hagenburg, das Herrenhaus umbauen. Weitere Umbauten wurden bis 1935 durchgeführt, bis Gut Ringelsbruch schließlich an die Mutter von Gerhard Huttrop-Hage verkauft wurde. Er übernahm dann 1974 die Verwaltung und brachte 1990 das Herrenhaus wieder in seinen Urzustand. 2005 ließ er auch die Stallungen und die Garage zum heutigen Restaurant sowie den Veranstaltungsräumen umbauen. Schließlich wechselte der Gutshof 2010 in die Hände der nächsten Generation. Im Jahre 2017 übernahm dann Familie Brand das Restaurant Von Köppen und modernisierte das Lokal so, dass es heute ein Ort der gemütlichen Geselligkeit und kulinarischen Spezialitäten ist. Es wundert nicht, wenn man erfährt, dass man auf Gut Ringelsbruch gerne Hochzeiten feiert. Momente der Glückseligkeit sind hier doppelt schön. Aber auch Feierlichkeiten wie Geburtstage finden auf Gut Ringelsbruch ihren Wohlfühlplatz. Dieser Ort war schon immer besonders. In früheren Zeiten wohnten sogar Musiker, die hier ihre Inspiration fanden, auf Gut Ringelsbruch, zum Beispiel die Familien des Cellisten Ludwig Hoelscher (1907–1996) und der Pianistin Elly Ney (1882–1968).

TIPP

Das Gut ist mit dem Fahrrad von Paderborn aus gut erreichbar.

- Von Köppen Restaurant, Gut Ringelsbruch, Ringelsbruch 9, 33106 Paderborn, Tel. (0 52 51) 1 84 51 14, www.ringelsbruch-gastronomie.de
- ÖPNV: Bus R93, Haltestelle Wewer Straße (ab hier ca. 20 Minuten Fußweg)

Humor für Feinsinnige

19 Das Amalthea Theater bei der Rathauspassage

Eines der kleinsten Theater Westfalens ist das Amalthea Theater in Paderborn. Der Name Amalthea hat doppelte Bedeutung. Zum einem verbirgt sich dahinter die Ziege von Zeus, aus deren abgebrochenem Horn alle Fülle der Welt quoll. Zum anderen bezieht sich Amalthea als Abkürzung auf Goethes Bildungsroman „Wilhelm Meisters theatralische Sendung“: **A**nstalt für **mal**erisches Leben und **thea**tralische Sendung. Und aus dem Horn der Fülle quillt es nun seit 1997. Das ehemalige Farbenlager des Malermeisters Ahle wurde ursprünglich vom Puppenspieltheater Trixini umgebaut und 1997 vom Gründer des Amaltheas, Herrn Enzian, übernommen. Das Amalthea ist ein eingetragener Verein und hat 15 Mitglieder, die bei Organisation und Aufführung, in erster Linie von Kabarett, aber auch von Theaterstücken und Musikveranstaltungen, ehrenamtlich helfen.

TIPP

Das Amalthea Theater freut sich über Spenden, um regelmäßig paradiesisch zu unterhalten.

Im Saal mit Wohnzimmeratmosphäre finden 50 bis 70 Zuschauerinnen und Zuschauer Platz. Ein Gefühl von Exklusivität durchflutet das Publikum, wenn beispielsweise eine Kabarettistin ihre Vorpremiere im Amalthea veranstaltet, bevor sie in München startet. Amüsiert lauscht man den Weltverbesserungsliedern von Sarah Hakenberg. Es sind treffsichere Lieder, in denen über die Vergesslichkeit sinniert wird, oder es geht um zehn kleine Dorfbewohner, die sich selbst entsorgen. Ein weiteres Lied resümiert gekonnt über Dominoeffekte beim Kaufverhalten. In der Pause werden Wein oder Weinschorlen ausgeschenkt und die Gäste unterhalten sich angeregt. Man ist sich einig: Die teils vom schwarzen Humor durchtränkten Pointen zielen haargenau auf den Lachmuskelreflex. Und zwei Ohrwurmlieder zum Mitsingen runden den gelungenen Abend ab. Die Zeit vergeht wie im Flug und etliche Zugaben später verlässt man gut gelaunt und hochkarätig unterhalten den Theatersaal. Lange klingt im Geist das Ostwestfalenlied nach, das zwinkernd über die außergewöhnlichen Eigenheiten der Ostwestfalen berichtet. Nach einem Besuch im Amalthea Theater weiß man, dass in Paderborn eine einzigartige Kabarettszene herrscht.

- Amalthea Theater, Jühengasse 10, 33098 Paderborn, Tel. (0 52 51) 2 24 24
www.amalthea-theater.de
- ÖPNV: diverse Busse, Haltestelle Rathausplatz

Theatereingang

Versteckte Pfade

20 Park am Tausendquell in der Stadtheide

Wer die viel befahrene Detmolder Straße entlangläuft, vermutet nicht dieses wunderschöne Idyll im Stadtgebiet von Paderborn. Wenn man dem hellen, feinen Kiesweg am Westeingang des Parks am Tausendquell folgt und auf dem sich schlängelnden Weg weiterschreitet, mitten durch eine Baumgruppe, wird man nicht enttäuscht. Wie bei einem magischen Sesam-öffne-dich liegt hier plötzlich eine große, weitflächige Wiesenlandschaft hinter den Bäumen. Eine großartige Komposition in Grüntönen, von hellem Grasgrün bis dunklem Saftgrün, erfrischt wohltuend das Auge. Ebenso ist auch für Zeitvertreib gesorgt. Auf der linken Seite sind allerlei vielfältige Spielgeräte, die Kinder verzaubern, und ein Fußballplatz fordert zum Toben mit dem Lederball auf, während Erwachsene gemütlich auf einer der Parkbänke sitzen und die Seele im Park am Tausendquell baumeln lassen. Die Landschaft begeistert augenblicklich. Es ist unbekümmerte Zeit zum Abschalten und Verweilen, die warmen Sonnenstrahlen auf der Haut zu genießen sowie in einer ruhigen Umgebung Antworten in der Natur zu finden. Manch einer nutzt auch die freie Zeit, um endlich wieder in einem Buch, das man schon seit Wochen lesen wollte, in herrlich grünem Ambiente zu schmökern.

TIPP

Für Techno- und House-Musikfans findet jeden August das Tausendquell Open Air statt.

Wenn man weiter Richtung Osteingang schlendert, sieht man rechts eine Kletterwand, die für begeisterungsfähige Aktive eine willkommene Abwechslung darstellt. Sogar eine Feuerstelle zum Grillen von Würstchen, Steaks oder veganen Spezialitäten gibt es in diesem Park, die man kurz hinter der Kletterwand findet. Vorbei an wilden Wiesen nähert man sich weiter dem Osteingang und genießt die ursprüngliche Natur des Parks am Tausendquell. Der Name dieses wunderschönen Parks stammt übrigens von dem Teich Tausendquell, der aus zahlreichen Quellen besteht und sich links vom Osteingang befindet. In ihm blubbert es an vielen Stellen, ähnlich wie in einem Glas Mineralwasser. Wer genauer hinschaut, kann je nach Jahreszeit Wassertiere wie quirlige Kaulquappen beobachten.

- Park am Tausendquell, Detmolder Straße 100, 33100 Paderborn
- ÖPNV: Bus 3, R51, Haltestelle Lothringer Weg

Im Paralleluniversum

21 Die Kulturkneipe Sputnik im Riemekeviertel

Seit 2010 kann man in Adda Schades Kulturkneipe Sputnik zeitlose Ablenkung in Form von originellen Quiz-Abenden, stimmungsvollen Events mit ausgesuchten DJs, wortwitzigen Veranstaltungen wie Poetry Slam, aber auch Konzerten, bei denen die Musik unter die Gänsehaut geht, erleben. Sogar auf Libori findet man einen Teil des Sputnik-Teams wieder. Coole DJs legen dann Musik mit herausfordernden Beats auf. Wenn draußen vor dem Sputnik frostige Temperaturen herrschen, sitzt man drinnen entspannt in gemütlicher Atmosphäre auf Sofas und Stühlen. Man führt beispielsweise Popkritik-Diskussionen, die sich in einer thematischen Reihe mit außergewöhnlichen Themen auseinandersetzen. Das Kosmonautenquiz ist etwas für Erdlinge mit großem Interesse fürs Weltall und ein Musikquiz sorgt für viel spaßige Unterhaltung, wenn man mit einer Gruppe hier ist. Tasting-Abende, bei denen nach dem Gin des Lebens gesucht wird, machen ebenso neugierig und versprechen Abwechslung, während im Hintergrund „Mainstream und Musik darüber hinaus", so die Kneipeninhaber, läuft. Das Hörerlebnis ist hierbei quer durch Jahrzehnte und Genres.

TIPP

Man kann nach speziellen Wunschcocktails fragen.

Bandnamen wie Blauer Heinrich liest man im Programm des Sputniks und freut sich auf jazzige, funkige, poppige und Blues-Lieder. Aber auch bunter Indie-Pop von den Deadnotes bereichert das Programm im Sputnik. Und wer von Jazz nie genug kriegen kann, findet auch Improvisationsjazz von Destinesia. Aber auch wenn mal keine Veranstaltung ist, kann man sich im Sputnik auf eine gemütliche Gesprächsrunde mit Freundinnen und Freunden treffen. Manche spielen auch angeregt eine Runde Doppelkopf, während sie die freundliche Bedienung mit Getränken oder auch mit Cocktails versorgt. Wer das Sputnik besucht hat, verlässt dieses Paralleluniversum mit dem Gefühl, eine besondere Ruhepause eingelegt und mit netten Menschen einen schönen Abend verbracht zu haben. Das Sputnik führt definitiv zu mehr Lebensfreude im Alltag und ist ein Ort, an dem Künstlerinnen und Künstler den Ton angeben.

● Sputnik, Imadstraße 7, 33102 Paderborn, Tel. (01 70) 9 35 18 30
www.sputnik-pb.de
● ÖPNV: diverse Busse, Haltestelle Westerntor

Spielerisches Vergnügen

22 Freilichtbühne Schloß Neuhaus im Schlosspark

In fantasievolle Welten abtauchen gelingt bei einem Besuch der Freilichtbühne Schloß Neuhaus, wobei sich die liebevoll gestalteten Bühnenbilder unter freiem Himmel befinden. Ein mutiges Piratenmädchen, das bei einem Sturm über Bord geht, hat beispielsweise die schwere Aufgabe, die richtigen Freunde zu finden, um schließlich wieder zu seiner Mutter und Piratenkapitänin zu gelangen. Doch das englische Schiff Justice ist der Mutter dicht auf den Fersen und erschwert das Happy End. Bereits nach wenigen Minuten wird man in die Geschichte hineingezogen und vergisst den eigentlichen Ort. Wenn die Piratenkapitänin das Fernrohr zückt und in die Weite blickt, sieht man auch selbst in die Weite des Ozeans. Lediglich der salzige Geschmack von Meeresluft fehlt auf den Lippen. Man leidet mit, als die Tochter über Bord gegangen und die Mutter schier verzweifelt ist. Man spürt die Hoffnung, als das Piratenmädchen auf einer einsamen Insel strandet und einen Papagei und eine Schildkröte als Freunde findet. Doch der Bösewicht in Gestalt einer Meerjungfrau ist in der Nähe und droht das Leben des Piratenmädchens für immer zu verändern.

TIPP

Das ganze Programm des SchlossSommers studieren.

Die Akteure entführen gekonnt in eine musikalisch untermalte Welt, die das Publikum während der gesamten Veranstaltungszeit träumen lässt. Man ist verwundert, wenn man liest, dass es sich um eine Amateurbühne handelt, die seit 1957 fantastische Welten erschafft. Jedes Jahr wird neben der Inszenierung eines Familienstücks meist auch ein Abendstück veranstaltet. Die Amateurbühne ist zudem ein Verein, in dem sich Kulturbegeisterte jeder Altersklasse engagieren. Sie sitzen in einem Boot und steuern den Hafen mit möglichst vielen Inszenierungen und Gästen an. Neben ihrem eigenen Programm bieten sie auch anderen Kunstschaffenden an, dass sie die Amateurbühne nutzen. Die Freilichtbühne Schloß Neuhaus hilft beim Träumen von anderen Welten mit offenen Augen und Ohren. Sie sorgt für klopfende Herzen, wenn der Held der Geschichte mutig seinem Schicksal entgegentritt.

- Freilichtbühne Schloß Neuhaus e. V., Im Schlosspark, 33104 Paderborn
www.freilichtbuehne-schlossneuhaus.de
- ÖPNV: Bus 1, 8, 11, 58, 61, Haltestelle Schloß Neuhaus

Es grünt so grün

23 Philosophenweg am Gierstor

Wer mitten in Paderborn einen Teil des Josef-Schmitz-Weges, der in Neuenbeken startet, oder einen Teil der Jakobswege in Deutschland gehen möchte, sollte sich nahe des REWE-Marktes an der Driburger Straße auf den idyllischen Philosophenweg begeben. Es ist ein reizvoller Mini-Wanderweg Richtung Innenstadt, den man, sobald man ihn an der Benhauser Straße verlassen hat, nutzen kann, um Richtung Dom zu laufen.

Der Philosophenweg ist unterhalb des Straßenniveaus und führt wie ein Flussbett durch ein sonst verkehrsreiches Gebiet. Neben dem Fußweg des Philosophenweges läuft ein Kanal entlang, der als Zufluss die Krumme Grund hat und meistens kein Wasser führt. Große Buchen säumen den Philosophenweg und schützen so die Spaziergänger vor Wind und Wetter. Neben dem befestigten Fußweg sieht man den ursprünglichen, weichen Waldboden, in dem sich immer wieder Baumwurzeln an der Oberfläche zeigen. Der Weg ist abwechslungsreich und steigt auf halber Strecke leicht an und fällt auch wieder ab. Eine kleine Brücke führt über den Kanal und der Weg wird breiter. Schließlich sieht man die Eisenbahnbrücke über sich. Eichen stehen an den Seiten. Die alten Backsteine, die den Torbogen der Eisenbahnbrücke halten, sehen wie für die Ewigkeit gemacht aus. Wie viele Züge hier wohl schon gefahren sind?

Auf einmal dringt mehr Licht auf den Weg, denn nur noch auf der rechten Seite des Hanges wachsen Buchen. Nach ein paar Minuten befindet man sich inmitten eines kleinen Parks und man erkennt das Ende des Weges. Rechts entdeckt man ein kleines, sechseckiges Fachwerktürmchen in den Farben Weiß und Dunkelbraun. Es ist das Luise-Hensel-Gartenhaus und stammt aus dem 18. Jahrhundert. Die Dichterin, die für ihr Gedicht „Müde bin ich, geh zur Ruh“ bekannt ist, lebte von 1873 bis 1876 in Paderborn und verweilte bei ihren Spaziergängen gerne in dem Gartenhaus. Luise Hensel erfreute sich oft an diesem Ort. Es ist ein Ort, an dem man nach einem beruhigenden Spaziergang wirklich philosophieren kann.

- Philosophenweg, 33098 Paderborn
- ÖPNV: Bus 6, 7, Haltestelle Schulze-Delitzsch-Straße

Ein Stück Urlaub

24 Jassas in der Paderschänke im Paderquellgebiet

Nach einem langen Spaziergang im Paderquellgebiet tritt man in die gemütliche Stube des Restaurants Jassas in der Paderschänke und ist sofort fasziniert vom griechischen Ambiente. Fischernetze an der Decke und blaue Fische vermitteln maritimes Flair. Die Zeichnung der Insel Kreta an der Wand lässt die Vorliebe klar erkennen. Man nimmt auf stilechten Tavernenstühlen Platz und blickt einerseits durchs Fenster ins Paderquellgebiet, andererseits aber auch auf den idyllischen Olivenhain an der Wand. Aus der Küche weht der Duft griechischer Kräuter und Öle und genussvoll nippt man an einem Glas mit trockenem Nemea P. D. O. (geschützte Ursprungsbezeichnung) oder lieblichem Imiglykos. Im Hintergrund spielt griechische Folkloremusik mit den schnellen, virtuosen Klängen des Saiteninstrumentes Bouzouki.

TIPP

Griechische Produkte im Onlineshop bestellen oder am Ouzo-Tasting teilnehmen.

Nebenbei studiert man die Speisekarte. Soll es der Große Bauernsalat sein oder eher der Rote-Beete-Salat mit Feta und karamellisierten Walnüssen? Auch der gemischte Vorspeisenteller für zwei klingt verlockend. Neben diesen kalten Meze (Vorspeisen) gibt es auch warme Meze wie Spanokopita, mit Feta und Spinat gefüllte Filoteigtaschen. Die Vielfalt ist sehr groß! Auch vegane Gerichte wie der gemischte Gemüseauflauf Briam mit Kartoffeln, Zucchini, Kürbis, Paprika, Okraschoten und Tomaten lassen das Wasser im Munde zusammenlaufen.

Serviert werden die Gerichte von überaus freundlichen Bedienungen auf hübschen kleinen Tellern, von denen es doppelt so gut schmeckt. Einen köstlichen Abschluss liefert der griechische Joghurt mit kretischem Thymianhonig und karamellisierten Walnüssen neben einer kleinen Tasse griechischem Kaffee. Aber auch Ouzo, Grappa aus Griechenland, Metaxa oder ein Zimt-Nelken-Likör munden am Ende des Mahles. In Frau Bergmanns Jassas in der Paderschänke wird alles mit Liebe gekocht und serviert. Und wer ein Stück Griechenland mit nach Hause nehmen möchte, kann in der Meze Bar, so wie Frau Bergmann ihr Restaurant gerne nennt, eine Flasche guten griechischen Rotwein mitnehmen.

- Jassas in der Paderschänke, An der Warmen Pader 13, 33098 Paderborn, Tel. (0 52 51) 5 31 16 04, www.jassas-paderborn.de
- ÖPNV: diverse Busse, Haltestelle Rathausplatz

Zeitreise inklusive

25 Auf den Selbstpflückfeldern in Bosenholz

Fruchtbare, großzügig angelegte Felder erstrecken sich von der Tiefebene in die Paderborner Hochfläche, sobald man Richtung Bosenholz abbiegt. Es sind sanfte, sonnenverwöhnte Hügel, die an die Toskana erinnern. Die Schönheit dieser Landschaft streichelt die Seele und sorgt für spontane Erholung. Ein Feldweg führt zu einem von Weitem schon sichtbaren Erdbeerhäuschen. Falls man keine eigenen Sammelbehälter mitgebracht hat, kann man hier Körbchen erwerben, in die die momentan wachsenden Früchte fallen werden, um dann später als Kuchenbelag oder Dessert ihre kulinarische Bestimmung zu finden. Die Blicke schweifen zu den roten, reifen Johannisbeeren, die zwischen dem satten Grün der Sträucher glänzen. Es sind anscheinend unendlich viele Reihen an Johannisbeersträuchern. Genauso warten zartrote Himbeeren darauf, vom Strauch gepflückt zu werden. Und die allseits beliebten Erdbeeren, die prall und rot an den Erdbeerpflanzen hängen und auf Stroh gebettet liegen, verbreiten einen himmlisch süßen Duft, der den Appetit anregt.

TIPP

Mit einem gemieteten Rad von „feine räder" die Selbstpflückfelder besuchen.

Ein Gefühl der Zeitreise bahnt sich seinen Weg. Auf einmal erinnert man sich an Omas oder Opas schönen, üppigen Garten, in dem man so viel pflücken und essen konnte, wie man wollte. Mit den vom Johannisbeerpflücken rot gefärbten Händen fühlt man sich wie ein Kind. Das Paradiesische ist zum Greifen nah. Man schmeckt das Sauer-macht-lustig der Johannisbeeren und lässt sich den saftig-würzigen Geschmack der Himbeere auf der Zunge zergehen. Beim Beißen in die hocharomatischen Erdbeeren vergisst man die Welt um sich und versinkt vollkommen in das Empfinden dieses herrlichen Geschmackes.

Genießer der süßen Früchte können je nach Jahreszeit auf Weilandt's Selbstpflückfeldern auch Sauerkirschen, Äpfel, Birnen sowie Zwetschgen pflücken oder kaufen. Ein bunter Erntekalender auf der Homepage verschafft zudem einen sehr guten Überblick über die Verfügbarkeit der süßen Früchte auf den verschiedenen Feldern. Denn nicht nur in Bosenholz gibt es ein Früchte-Schlaraffenland.

- Selbstpflückfelder, Weilandt's Erdbeer-Plantagen, Bosenholz 8–10, 33154 Salzkotten, Tel. (0 52 58) 99 18 74 (Verwaltung) www.weilandts-erdbeer-plantagen.de
- ÖPNV: Bus 491, Haltestelle Abzw. Bosenholz, Salzkotten

Entenidylle

26 Fischteiche beim Padersee

So wie alle Paderborner Seen wurde das beliebte Naherholungsgebiet Fischteiche angelegt. 1892 ließ der damalige Bürgermeister Franckenberg die Fischteiche mit sechs Teichen und Wald gestalten, wobei die Fischteiche von einem artesischen Brunnen in der Nähe des Spielplatzes gespeist werden. Das heißt, eine Rohrleitung verläuft fast 100 Meter in die Tiefe und das Wasser findet aus dem dort befindlichen Kalkgestein seinen Weg an die Oberfläche, ohne dass gepumpt werden muss. Das Wasser aus dem Untergrund fließt durch eine Rohrleitung in den ersten Fischteich und von dort aus weiter in die tiefer liegenden Teiche. Bei dem Spaziergang rund um die Teiche läuft man in erster Linie unter wunderschönen Buchen, Eichen und Birken entlang. Die sauerstoffgetränkte Luft lässt tief und entspannt durchatmen. Man ist von sämtlichen Grüntönen umringt und taucht in eine ideale Mischung aus Wasser- und Waldwelt ein. In der Zeit von Juni bis September kann man auf den Teichen nahe dem Waldsportpfad den inspirierenden Wuchs von Seerosen bewundern. Sie blühen dann in voller Pracht, und zwar in blütenreinem Weiß und mit einem pinken Blütenkelch auf einem Teppich von tellerförmigen grünen Blättern. Man denkt an Monets Seerosenbild und wünscht sich eine Staffelei gleich neben dem Teich.

TIPP

Der Waldsportpfad ist abends beleuchtet.

An einem der Teiche gibt es eine Ruderbootvermietung, die dazu einlädt, eine romantische Bootsfahrt zu unternehmen. Die Abwechslung zwischen Sich-treiben-Lassen und Rudern verspricht eine kurzweilige Zeit. Aber auch ein Kletterpark, eine Minigolfanlage und etwas versteckt ein kleines Stück Heide gehören zum Naherholungsgebiet Fischteiche. Ebenso ist für die hungrigen und durstigen Spaziergänger gesorgt. Ein Restaurant nahe dem Waldsportpfad sorgt für genussvolles Verweilen auf der Terrasse, während man Schwänen und Enten beim entspannten Ziehen durch den nah gelegenen Teich zuschaut. Und zur richtigen Zeit und mit ein wenig Glück kann man beobachten, wie die niedlichen Jungen dem Muttertier auf Land und im Wasser folgen.

- Fischteiche, An den Fischteichen, 33102 Paderborn
  www.paderborn.de/sport-freizeit/laufen
- ÖPNV: Bus 11, Haltestelle Padersee (ab hier ca. 10 Minuten Fußweg)

12
10
9

Liebevolles Werkeln

27 FreiWerk beim Westerntor

Der Verein FreiWerk wurde Anfang 2019 von Lennart Lorz initiiert und steht allen bastelfreudigen Menschen offen, die handwerkliche Projekte umsetzen möchten. Kreativität ist hier eine allseits gegenwärtige und gelebte Realität, aber auch eine freundliche Gemeinschaft spielt eine große Rolle beim Basteln, Werkeln, Nähen oder bei neu zu entdeckenden Tätigkeiten wie Kirigami oder Urban Sketching. Wen die Neugier und das Bastelfieber gepackt hat, bucht einen der einzigartigen Workshops, zum Beispiel die Herstellung einer Puzzlelampe. Das Foto auf der Webseite verspricht eine äußerst dekorative Lampe, die sich gut auf der Wohnzimmerkommode machen würde. Also, auf geht's zum FreiWerk. Am Hoftor prangt ein buntes Graffito mit dem Namen der offenen Werkstatt in der Friedrichstraße 25. Man schreitet durch eine kleine Stahltür, geht ein paar Schritte über den Hof und die Treppen hinauf in die Räume von FreiWerk.

TIPP

Den Werktreff montags ab 18 Uhr oder den Textiltreff mittwochs ab 16 Uhr besuchen.

Die freundliche Leiterin des Workshops teilt die Bastelmaterialien aus. Stück für Stück schneidet man ein Puzzleteil nach dem anderen aus. Sie duften herrlich nach Bienenwachs. Alle unterhalten sich angeregt über Gott und die Welt und man merkt gar nicht, wie schnell man doch vorankommt. Es ist erstaunlich, dass man wirklich 30 Puzzleteile mit schwierigen Bögen ausgeschnitten hat. Nun liegen sie auf dem Tisch und man sortiert sie zu sechs Stapeln mit fünf Teilen, zu einer Seite ausgerichtet. Dann nimmt man das erste Puzzleteil und hakt immer wieder die rundgebogene Seite des Puzzleteils in die gerade Seite ein. Eine genaue Bauanleitung und die Anweisungen der Workshopleiterin helfen weiter, bis man das letzte Puzzleteil in der Hand hält. Schnell gibt man das Leuchtelement in die runde Papierkugel, verschließt sie und fertig ist die Puzzlelampe. Ein Test mit Anschließen an die Steckdose überzeugt. An den Überschneidungen bilden sich interessante Muster und die Puzzlelampe verbreitet eine Atmosphäre wie an einem schönen Sommerabend auf dem Balkon oder im Garten.

- FreiWerk, Friedrichstraße 25, 33102 Paderborn
  www.freiwerk-paderborn.de
- ÖPNV: diverse Busse, Haltestelle Westerntor

Wie ein Popstar

28 Tonstudio treesonsrecords in der Stadtheide

Seit 2011 kann man im Tonstudio treesonsrecords beispielsweise Junggesellinnen- und Junggesellenabschiede feiern, indem man in einem professionellen Aufnahmestudio selbst ausgewählte, einstudierte Lieder als Gruppe in einem fröhlichen Ambiente singt. Es sind einzigartige Audio-Erinnerungen, die zusammen mit den Fotos beim Wiederanschauen und -hören zu einem einmaligen und besonderen Wiedererleben führen. Man spürt noch nach Jahren, welchen riesengroßen Spaß man bei diesem Event hatte.
Der Aufenthalt erstreckt sich meist über zwei Stunden im Tonstudio und wer mag, kann sich Kuchen oder Snacks sowie Getränke mitbringen. Hobbysänger üben hier neben lustigen Klassikern aus der Popwelt auch gerne Hip-Hop-Lieder oder chartrelevante Songs. Aber auch Rappen anlässlich einer Hochzeit oder eines Geburtstages ist angesagt. Die Discokugel dreht sich und leuchtet in den schillerndsten Farben, während der Sekt in stilvollen Gläsern gereicht wird und man sich zuprostet.
Am Mischpult sitzt der Inhaber des Tonstudios, Viktor Dückmann, und schiebt gekonnt die Regler in die Position, damit der optimale Klang und Mix erreicht wird. Eine Begleitstimme auf dem Kopfhörer leitet textsicher durch die Songs und ist wie von Zauberhand nachher nicht mehr auf der Aufnahme zu hören. Durch das Sichtfenster zwischen dem Mischpultraum und dem großen Aufnahmeraum für die Gruppen ist zudem eine zusätzliche Kommunikation möglich. Aber auch wer professionelle Aufnahmen als einzelne Person haben möchte, bekommt diesen Sonderwunsch erfüllt. Neben diesem vielfältigen Angebot können auch Kindergeburtstage im Tonstudio treesonsrecords gebucht werden. Oft sind es zehn bis fünfzehn Kinder, die Songs aus den Charts meist vorher üben, um dann im Tonstudio ihr Bestes zu geben. Und in einem gemütlichen Aufenthaltsraum kann auch mal eine Pause eingelegt werden. Im Profi-Tonstudio treesonsrecords erlebt man wunderbare Momente der Gemeinschaft und fühlt sich wie ein Popstar mit einem Hauch Sternenglitzer.

● Tonstudio treesonsrecords, Lagesche Straße 3 a, 33102 Paderborn, Tel. (01 52) 04 77 11 84, www.treesonsrecords.com
● ÖPNV: Bus 3, Haltestelle Lagesche Straße

ENGL

Märchenhafte Begegnungen

29 Kulturgut Winkhausen in Salzkotten-Thüle

Bei der Anfahrt zum Kulturgut Winkhausen merkt man, dass man sich plötzlich in der Münsterländer Bucht befindet. Flaches, weites Land mit einzelnen Höfen, malerisch umrandet von Eichenwiesen. Am Wegesrand sieht man immer wieder dekorative Kopfweiden. Der Weg schlängelt sich elegant zwischen den Höfen hindurch und führt zu einem Anwesen mit fünf Fachwerkgebäuden, dem Kulturgut Winkhausen, dessen Gutsherrin Birgit Lurse ist. Zu diesem Gehöft zählen das Backhaus, ein Wohnhaus, das Herrenhaus, das Spritzenhäuschen, das sogar in seinem ursprünglichen Zustand aus dem 18. Jahrhundert erhalten ist, sowie die große Zehntscheune.
Wer neugierig dem Kiesweg zur Scheune folgt, entdeckt dekorative Masken, die anklingen lassen, dass hier Kunst und Natur auf eine einzigartige Weise aufeinandertreffen. Ein Blick hoch zu den beiden Öffnungen des Scheunenbodens kann von Erfolg gekrönt sein und man entdeckt eine der Schleiereulen, die an den Film „Drei Haselnüsse für Aschenbrödel“ erinnern. Kann man sich hier auch etwas wünschen? Beim Betreten des überaus liebevoll renovierten Fachwerkgebäudes fallen die originellen Holzschnittscheiben aus Eichenholz auf, die in allen möglichen Formen den rustikalen Fußboden bilden und mit einem Lehm-Stroh-Gemisch verfugt sind. Kerzenlicht flackert in großen Gläsern, die in Hauswandnischen platziert sind. Sobald die ersten Klänge der Musik ertönen, spürt man den Zauber dieses Raumes, der eine wunderbare Akustik hat. Ausstellungsbilder wie die Holzschnitte von Ferdinand Pollmann mit regionalem Bezug erzeugen ein besonderes Flair und Veranstaltungsthemen wie „Grundlos vergnügt“ versprechen besondere Momente mit Liedern, Chansons und Weltmusik von Ute und Andreas Zöllner aus Bremen. Auch lustige Geburtstagsfeiern oder rauschende Hochzeitsbälle werden hier gefeiert, aber in erster Linie ist dieser Ort ein Raum der Begegnungen mit Menschen aus ganz Deutschland und der Welt. Und es könnte wirklich sein, dass Aschenbrödel hier seinen Schuh verloren hat.

- Kulturgut Winkhausen, Winkhauser Straße 15, 33154 Salzkotten, Tel. (0 52 50) 73 67, kulturgut-winkhausen.de

PNV: Bus 540, Haltestelle Holsen Fretter (ab hier ca. 10 Minuten Fußweg)

Das Glück der Erde

30 Drei Seen Hof in Schloß Neuhaus

Die Freude am Reiten steht im Zentrum des schönen Drei Seen Hofes in Schloß Neuhaus. Hier empfängt die Gäste ein waldmeisterartiger, aromatischer Heuduft, der an endlose Sommer erinnert, und der typische Geruch des Lederzaumzeugs. Neun Pferde und Ponys stehen bereit, um auch passend zur eigenen Körpergröße ausgesucht zu werden. Kinder und Erwachsene dürfen sich beispielsweise an einer Schnupper-Reitstunde oder an einem geführten Ausritt in die zauberhafte Sennelandschaft anmelden. Man kann hierbei an frühere Reitkenntnisse anknüpfen oder neu durchstarten. Durchaus kann das Pferd noch mal gewechselt werden, um die unterschiedlichen Bewegungsabläufe der einzelnen Pferde zu erleben und ein besseres Reitgefühl zu haben.

TIPP

Zur unverbindlichen Schnupperstunde sollte man sich bei Frau Gaida-Brakhane telefonisch anmelden.

Wenn man sich für das Reiten im Pony-Team entschieden hat, findet der Unterricht bei Sonnenscheinwetter auf dem Außenreitplatz oder im Gelände statt, bei schlechtem Wetter in der Reithalle. Auf dem Pferderücken positioniert, durchläuft man verschiedene Geschicklichkeitsparcours. Weiterhin wird ein Führtraining entwickelt, aber es werden auch Gleichgewichtsübungen und Hilfengebungen erarbeitet. Wer sich für einen Einzelunterricht entscheidet, erhält äußerst individuell und intensiv Tipps fürs Reiten. Wenn man selbstständig reitet, erfolgt der Unterricht dann in einer Dreiergruppe.

Neben diesen vielfältigen Angeboten, die zu mehr Lebensfreude und Ruhepausen im Alltag führen können, kann man auch beispielsweise außergewöhnliche Kindergeburtstage oder therapeutisches Reiten buchen. Im Vordergrund steht immer wieder die besondere Freundschaft zum Pferd und das gemeinsame Erlebnis beim Reiten. Auch ängstliche Reiterinnen und Reiter erfahren auf dem Drei Seen Hof eine behutsame und stressfreie Art der Herangehensweise an das Pferd. Jede Besucherin und jeder Besucher erlebt, dass das Glück der Erde wohl auf dem Rücken der Pferde liegt, und man verliebt sich in das sanfte Wesen der aufmerksamen Vierbeiner.

- Drei Seen Hof, Ziethenweg 163, 33104 Paderborn, Tel. (01 76) 21 99 44 78 www.reiten-mit-freude.de
- ÖPNV: Bus 11, Haltestelle Mastbruch, Gaststätte (ab hier ca. 15 Minuten Fußweg)

An den Quellen schwelgen

31

La petite Galerie im Paderquellgebiet

Umrahmt von grünen Wiesen, Bäumen und den Paderquellen sammelt man frische Kraft im „La petite Galerie“ nahe der Abdinghofkirche. Während die Enten im Quellenteich ihre Runden drehen, genießt man morgens im Außenbereich des Hotels die große Vielfalt des Frühstücks in Bioqualität, darunter auch vegane Angebote. Sitzplätze im Freien laden die Besucherinnen und Besucher sowohl direkt vor dem Restaurant als auch auf der Rasenfläche gegenüber ein. Man kann nicht anders als genießen, vor allem wenn die Sonnenstrahlen die Szene zauberhaft beleuchten, eine Idylle mitten in der Innenstadt. Sich zurücklehnen, an der Tasse Kaffee nippen und das Croissant in die fruchtige, hausgemachte Biomarmelade tunken – herrlich. Aber nicht nur das Frühstück, auch das Mittag- und Abendessen sowie das reichhaltige Angebot zum Kaffeetrinken sind bio. „La petite Galerie“ hat sogar seit Juni 2021 ein staatlich anerkanntes Biozertifikat, was dieses Restaurant im Kreis Paderborn einzigartig macht. Vegane Gerichte schmücken die Speisekarte zudem.

TIPP

Im dazugehörigen Hotel kann man in schönen Zimmern übernachten.

Wenn es draußen kälter und ungemütlicher wird, erobert man sich einen der Sitzplätze in dem reizvollen und denkmalgeschützten Gebäude, das 1563 mit spätgotischer Giebelfront aus Sandstein errichtet wurde. Es gehört hiermit zu den ältesten Häusern Paderborns, die beide Weltkriege überstanden haben. Auf die ehemalige Verwendung als Brauhaus deutet das goldene Wappen aus Braukessel und Jahreszahl über der großen dunkelbraunen Eingangstür hin. Im Inneren herrscht eine ruhevolle Atmosphäre, als würde man ein Puppenhaus aus früheren Zeiten betreten. Jeder Raum strahlt Geborgenheit aus und ist trotzdem anders als die anderen. Stilvolle Farbkompositionsgemälde der Inhaberin Anne Ewers geben den einzelnen Zimmern eine sehr persönliche Note und lassen die Gäste im zeitlosen Betrachten glücklich schweben. Wer einmal angefangen hat, „La petite Galerie“ ins Herz zu schließen, hofft auf viele frohe Stunden in diesem Restaurant der schönen Dinge.

- La petite Galerie, Bachstraße 1, 33098 Paderborn, Tel. (0 52 51) 1 22 40
www.galerie-hotel.de/geniessen
- ÖPNV: diverse Busse, Haltestelle Rathausplatz

La petite Galerie

Der Weg ist das Ziel

32 Das Maislabyrinth in Schlangen

Kurz bevor man in den Ort Schlangen fährt, liegt auf der linken Seite inmitten von Feldern das Maislabyrinth des Hofes Jelowik. Eine freundliche Dame im Verkaufswagen empfängt die Besucherinnen und Besucher und weist den Weg zum Maislabyrinth. Auf einem urigen Feldweg geht es vorbei an braun gefiederten Hühnern und weißen Gänsen sowie an Sonnenblumen und Gladiolen in Weiß, Rot, Gelb, Orange und Pink, die um die Wette leuchten. Kurz danach erhascht man auf der rechten Seite den ersten Blick ins Labyrinth. Der mit Stroh ausgelegte Weg führt zur ersten Gabelung. Links oder rechts? Links buddelt sich ein Huhn eine Kuhle im Stroh. Weist es den Weg? Doch beim Annähern verliert es das Interesse an seiner Kuhle und flüchtet durch die eng stehenden, über 2 Meter hohen Maispflanzen, an denen reife Maiskolben mit gelben Mähnen üppig wachsen. Nach einer Weile sehen alle Maispflanzen gleich aus und jeder Weg könnte derjenige sein, der nach draußen führt. Wenn die Sonne scheint, hilft sie als Orientierung. Oder hat man einen Kompass eingesteckt? Wohin führt der Weg? In welcher Richtung liegt der Ausgang? Vielleicht hilft sogar der eigene angeleinte Hund bei der Suche? Fragen über Fragen, aber irgendwann hat man das Rätsel gelöst und blickt stolz und glücklich auf den Weg zurück, denn das Maislabyrinth ist ganz schön riesig. Etwa 275.000 Maispflanzen sind auf einer Fläche von gut drei Fußballfeldern angepflanzt. Die erstaunliche Länge dieses Labyrinths ist 3 Kilometer.

TIPP
Ein Kindergeburtstag im Maislabyrinth mit Verpflegung ist ein besonderes Erlebnis.

Das mit viel Liebe angelegte Maislabyrinth ist täglich von 9 bis 19 Uhr geöffnet, und zwar vom ersten Wochenende nach den Sommerferien bis Ende Oktober. Auch größere Gruppen wie bei Schul- oder Betriebsausflügen sind herzlich willkommen und werden gebeten, sich vorab per Mail anzumelden. Ein großer Orientierungsspaß erwartet alle garantiert beim unvergesslichen Besuch des Maislabyrinths vor den Toren Schlangens. Und eine besondere Überraschung gibt es für alle Besucherinnen und Besucher an Halloween.

- Maislabyrinth Hof Jelowik, Obere Straße 66, 33175 Bad Lippspringe, Tel. (0 52 52) 93 90 92, www.hofjelowik.de/Maislabyrinth
- ÖPNV: Bus R50, Haltestelle Schlangen Ortsmitte (ab hier ca. 10 Minuten Fußweg)

Ein schönes Grün für alle

33 Haxterpark auf der Haxterhöhe

Der 2012 eröffnete Haxterpark begrüßt die Besucherinnen und Besucher mit einem rustikal-gemütlichen und barrierefreien Gasthaus, das mit origineller westfälischer Küche bezaubert. Auf dem Hof gegenüber warten die Esel Lotte, Liesel und Anton auf ihre Streicheleinheiten. Neben dem Stall findet man die Indoor-Bogenschießanlage. Beim Bogenschießen führt das Konzentrieren auf einen zentralen Zielpunkt und den idealen Augenblick des Loslassens zu innerer Balance. Wenn es das Wetter zulässt, kann man seine Fähigkeiten auf einer Outdoor-Bogenschießanlage ausprobieren.

Ein weiteres sportliches Angebot stellt das Boule-Spiel dar. Auf dem Innenhof vor dem Gasthaus führt der Boule-Club Käskösäh Paderborn e. V. regelmäßig Turniere, aber auch gemütliche Spielrunden durch. Der Golfplatz „Haxterhöhe Links" hat als erster deutscher Golfplatz ein GEO-Zertifikat (Golf Environment Organisation), da er nicht nur richtig westfälisch, also hart, aber herzlich, sondern naturnah und nachhaltig gestaltet ist. 5 Hektar Kalksteinflächen, typisch für die Paderborner Hochfläche, befinden sich auf dem dünenartigen Golfplatz, dessen Course Design von Achim Reinmuth (Städler Golf Courses) stammt und dessen Shaping Connor J. Walsh ausgeführt hat. 18 Bahnen führen die Spielerinnen und Spieler auf einen Parcours, bei dem man frische Kraft sammelt und inmitten der Natur mit Blick zum Dom ein Alltagsabenteuer erlebt. Bei einem zweistündigen Schnupper-Golfkurs entdeckt man eine abwechslungsreiche Draußen-Zeit, die ihren ganz eigenen Zauber hat, da man in ihr Ruhe findet und gleichzeitig seine Sinne und Muskeln trainiert.

Der Geschäftsführer Helmut Böhmer betont die im Haxterpark gelebte Inklusion. Es wird allen Menschen ein Zugang zu der naturverbundenen Bewegungs- und Begegnungsstätte Haxterpark vorbildlich ermöglicht. Und vielleicht stimmt das Zitat des Schauspielers Jack Lemmon: „Wenn du denkst, es ist schwierig, neue Leute kennenzulernen, versuch mal, den falschen Golfball aufzuheben."

TIPP

Eine kleine Auszeit im Gasthaus nach dem Golf-Schnupperkurs einlegen.

- Haxterpark, Harsewinkelweg 10, 33100 Paderborn, Tel. (0 52 51) 60 42 42 www.haxterpark.de
- ÖPNV: Bus 4, 9, 24, 46, Haltestelle Uni/Südring (ab hier ca. 15 Minuten Fußweg)

Ein-, Aus- und Ansichten

34

Kaleidoskopweg in Bad Driburg

Der zum Teil lichtdurchflutete Kaleidoskopweg in Bad Driburg führt in zwei gegenüberliegenden Schleifen einmal in der Nähe des Gräflichen Parks und zum anderen in der Nähe des Arboretums entlang. Um den genauen Weg zu kennen, hilft die Lektüre des Heftes „Erlebniswanderungen", das in der Tourist Information Paderborn erhältlich ist. Auf dem insgesamt 5,8 Kilometer langen Kaleidoskopweg, der beim Freibad Bad Driburg beginnt, sind acht blaue Riesenkaleidoskope aufgestellt. Für Rätselfreunde: Auf jedem befindet sich ein Buchstabe und alle gemeinsam bilden das Lösungswort.

Gegenüber dem Freibad verläuft links unterhalb des Ahorn- und Buchenwaldes ein breiter Kiesweg. An der Abzweigung Richtung Rosenberg/Mausoleum führt ein kleiner Waldweg bergauf. Hier beginnt der Kaleidoskopweg. In Serpentinen schlängelt er sich empor und führt rechts am Dammhirschgehege vorbei. Auf dem Rosenberg angekommen, hat man einen traumhaften Ausblick auf den dekorativen Springbrunnen im Gräflichen Park und kann auch die Dammhirsche und die weiblichen Dammtiere, die eine Wohlfühlruhe ausstrahlen, beobachten. Auf der rechten Seite fällt außerdem neben einem Unterstellplatz aus Holz das erste blaue Kaleidoskop auf. Es ist ein Wippenkaleidoskop, das einen besonderen optischen Blick anhand von im Kaleidoskop rollenden Bällen ermöglicht.

TIPP
Vegan und vegetarisch essen im Green Rosin im Gräflichen Park.

Beim Weiterverfolgen des idyllischen Waldweges, der am Mausoleum der Familie des Grafen Caspar Heinrich von Sierstorpff, des Gründers des Bades von Bad Driburg, liegt, biegt man rechts ab, um talwärts zu laufen. Am Waldesrand findet man das zweite blaue Kaleidoskop mit einem weiten Blick übers Tal. Diesmal ist es ein Sphäriskop, mit dem die Sicht ins Tal von Spiegel zu Spiegel geworfen wird, sodass sich neue Muster und Formen bilden. Es ist ein verzauberter Blick in die grüne Vertiefung. Läuft man am Waldesrand weiter, trifft man auf das dritte Kaleidoskop: ein Spiegelkaleidoskop. Wenn man hineinschaut, erhält man ein magisches Bild des Waldes.

- Kaleidoskopweg, Brunnenstraße 32, 33014 Bad Driburg
- ÖPNV: Bus 575, 577, R75, R76, Haltestelle Freibad Bad Driburg

Behaglich genießen

35 Gut Redingerhof in Bad Lippspringe

Rustikale Gartenstühle und -tische unter einer riesigen und mächtigen Kastanie sind wie in einem Gemälde von Édouard Manet angeordnet und geben einen Einblick in das stilvoll-natürliche Ambiente des Guts Redingerhof. Die Gäste schreiten unter einem Torbogen von Weinreben, die voller fruchtiger Weintrauben hängen, zum Eingang des Restaurants. Beige-hellbraun changierende Steinwände, geschmackvoll abgeglichen mit einer Dekoration aus Geweihen, kleinen Fässern und großartigen Kerzenständern, in denen Kerzen brennen, üben vom ersten Augenblick an einen besonderen Reiz aus. Stühle aus Korbgeflecht und kernige Tische runden das extravagante Bild ab. Die Speisekarte macht neugierig. Als Vorspeise ein Ziegenkäse, dekoriert mit Erdnuss, Bete und Waldbeeren in delikater Vinaigrette, gefolgt von exzellent-raffinierten Spinatnudeln und abschließend ein Dessert aus Kokoscotta mit Apfel und Zimt. Für jede Genießerin und jeden Genießer ist etwas dabei, selbst Vegetarisches. Im Restaurant herrscht eine warme Atmosphäre, die durch das romantische Kerzenflackern in den Leuchtern verbreitet wird. Beim Blick durch das großzügig gestaltete Fenster fällt die bunte Lichterkette im Außenbereich auf, die sich über den Dächern der Strandkörbe aufreiht. Man nimmt sich ausgiebig Zeit und genießt diese Sicht nach draußen.

TIPP

Unbedingt vorher einen Tisch reservieren.

Gut Redingerhof wurde erstmals 1271 als „Redinghusen" urkundlich erwähnt. Der Turm aus dem 12. Jahrhundert, der in früheren Zeiten von einem Wassergraben umgeben war, wurde als Speicher und Wohnung in Belagerungszeiten genutzt. Erst 1911 wurde das Gutshaus errichtet. Neben den Stallungen des Haflingergestüts befindet sich heute das Café und Restaurant Gut Redingerhof.

In den Sommermonaten nimmt man draußen vor dem Restaurant gemütlich Platz und lässt den Gaumen von einem der köstlichen Weine umschmeicheln, während der Mond langsam aufgeht. Inmitten einer zauberhaften Landschaft kann man den Alltag loslassen und die Schönheit der Natur genießen. Man fühlt das Hier und Jetzt.

- Gut Redingerhof, Renker Weg 1, 33175 Bad Lippspringe, Tel. (0 52 52)9 77 96 70 www.gut-redingerhof.de
- ÖPNV: Bus 8, Haltestelle Bekscher Berg (ab hier ca. 20 Minuten Fußweg)

Die feine englische Art

36 Little England in Sennelager

Seit Mai 2011 betreibt Monica Eichler den außergewöhnlichen Laden Little England, der Kundinnen und Kunden mit einem großen rot-weißen Lolli im Logo willkommen heißt. Der Laden entstand aus der Idee, dass ehemalige britische Soldaten vor Ort ihre Lieblingslebensmittel kaufen wollten, um so ein Stück Heimat erleben zu können. Mit der Zeit erweiterte sich die Kundschaft, weil auch andere Menschen diese Einkaufsmöglichkeit als Alltagsglück empfanden. Und so treffen sich im Little England alle Nationalitäten. Engländer, Schotten, Deutsche, Russen oder Türken finden hier das Besondere bei den englischen Lebensmitteln, wobei ein persönliches Gespräch genauso wichtig ist wie der Einkauf selbst.

In diesem familienfreundlichen Betrieb findet man klassische und seltene englische Lebensmittel und Geschenkideen. Service wird großgeschrieben, denn man kann Sonderwünsche äußern. Wer bei Little England einkauft, findet nicht nur Klassiker wie Chips mit Salz- und Essiggeschmack und schwarzen Tee, sondern auch extraschokoladige Riegel mit Pfefferminz. Beim Einkaufsbummel entdeckt man auch raffinierte Variationen von Orangenmarmeladen. Spezielle Suppen und außergewöhnliche Aufstriche fürs Sandwich regen den Appetit an und als Beilage zum Tee erhält man typisch englische Kekse. Wer immer noch nicht genug hat, deckt sich mit Eiscreme-Limonade oder Pfefferminz-Luftschokoladenkugeln ein. Als krönenden Abschluss gibt es ein großes Angebot im Tiefkühlbereich mit typisch englischen Gerichten. Zur Weihnachtszeit lohnt sich ein Extrablick. Stimmungsvolle Karten von Künstlern wie Tom Smith machen nicht nur beim Schreiben Spaß, sondern erfreuen ebenso die Empfänger.

„May I help you?“, das ist hier Philosophie und wird im Little England gelebt. Hektik und Stress bleiben draußen vor der Tür. Man unterhält sich angeregt und packt die außergewöhnlichen Lebensmittel und Geschenkideen ein, um dann zu Hause ein Fest zu feiern – ein Fest, das eine absolute Verwöhnpause und für manche ein Stück Heimat ist.

TIPP

Für Mutige gibt es Haggis (mit Innereien gefüllter Schafsmagen) in Dosen.

- Little England, Bielefelder Straße 137, 33104 Paderborn-Sennelager, Tel. (0 52 54) 8 25 41 15
- ÖPNV: Bus 1, Haltestelle Salvatorstraße

ROBINSONS
Real Fruit
Aero

Momente der Emotionen

37 Theater Paderborn am Rathaus

Wer am Abend zum Theater Paderborn (Westfälische Kammerspiele) läuft, kann die stimmungsvoll beleuchtete Fassade aus Glas bewundern. Die halbrunde Form vermittelt klassische Eleganz. Zitate oder Bilder, großflächig angebracht, geben den Zuschauerinnen und Zuschauern Einblick in das Seelenleben der aktuellen Theaterstücke. Man tritt durch den von Licht durchfluteten Glastüreneingang und ahnt einen Hauch der Magie, die sich gleich auf der Bühne abspielen wird. Das aufgeregte Stimmengemurmel des Publikums im Saal erzeugt ein angenehmes Kribbeln im Bauch. Man nimmt auf dem gemütlichen Sessel Platz und lehnt sich zurück. Was kommt nun? Da geht das Licht aus, das Gemurmel verstummt und ein Lichtkegel beleuchtet einzigartig den Hauptakteur, der seine Lebensgeschichte atmosphärisch dicht gewebt erzählt. Es treten immer mehr Akteure auf die Bühne und der Zuschauer versinkt in die Welt der Geschichte, die eindrucksvoll dargestellt wird. Die Bühne verschmilzt mit der Geschichte. Durch die teils minimalistische Darbietung formt sich das Gehörte zu Bildern und eine große Lebendigkeit wird vor dem geistigen Auge erschaffen. Dies macht den Besuch zu einem einzigartigen, fantasieanregenden Erlebnis im Theater Paderborn und nach der Vorstellung ist klar, dass es ein baldiges Wiedersehen geben wird. Denn nichts regt mehr an als eine Reise, die auf den Brettern der Welt spielt.

Im Regelfall werden 15 Neuproduktionen pro Spielzeit im Hauptprogramm aufgeführt, wobei ein Freilichtstück seit der Spielzeit 2014/15 vor der Stadtbibliothek Paderborn vorgetragen wird. Seit Januar 2021 ist eine eigene Sparte für Kinder- und Jugendtheater namens „jott" vorhanden – mit eigenem Spielplan und Ensemble. Eine Vielfalt an Klassikern, modernen Klassikern und Gegenwartsstücken findet man auf dem Spielplan des Theaters Paderborn, das nicht nur das Theater der Stadt selbst, sondern auch des Kreises Paderborn repräsentiert. Und jedes dieser Stücke lässt besondere Momente der Emotionen miterleben.

● Theater Paderborn, Neuer Platz 6, 33098 Paderborn,
Tel. (0 52 51) 2 88 11 00 (Theaterkasse), www.theater-paderborn.de
● ÖPNV: diverse Busse, Haltestelle Rathausplatz

Wie bei Ömmeken

38

Alt-Enginger Mühle in Elsen

Der Landgasthof Alt-Enginger Mühle, eine ehemalige Wassermühle mit einer fast tausendjährigen Geschichte, bezaubert im Sommer mit einem herrlichen Biergarten und bietet in den kälteren Monaten eine wohlige Atmosphäre im Gebäude. Gerade in den Abendstunden der Vorweihnachtszeit erstrahlt die Alt-Enginger Mühle mit festlichen Lichtern. Im Innenraum, der durch gemütlich verwinkelte Fachwerkbalken abgetrennt und liebevoll dekoriert ist, spürt man beim Betreten ein Gefühl des Zuhauseseins. Wenn man im Erdgeschoss am großen Fenster Platz nimmt, wo ehemals ein Dielentor war, blickt man in die dunkle Landschaft, während man genüsslich an seinem Kellerbier oder einem mediterranen Wein nippt.

Aber auch in den oberen Gasträumen herrscht ein zauberhaftes Ambiente. Über eine alte Holztreppe gelangt man hinauf und lässt sich oben von den Fotos, die in Holzrahmen an der sanftgelben Wand hängen, aus alten Zeiten erzählen. Ein freundlich lächelnder Herr mit imposantem, langem weißen Bart, der 1891 bis 1909 Eigner der Alt-Enginger Mühle war, und vom Alter verblichene Fotos des Mühlenrades und der ehemaligen Bewohner der Mühle geben das Gefühl, an einem historischen Ort zu sitzen. Und dieser Ort scheint viele mit Stolz und Freude erfüllt zu haben. Beim Blick von der Empore in den unteren Gastraum sieht man an der Wand eine beachtliche Sammlung an Bierkrügen, die vom Libori-Bierbrunnen stammen. Darüber hängen alte Wagenräder und ehemaliges Zaumzeug von Rindern. Zwischen den Fachwerkbalken kann sogar ein alter Flaschenzug bewundert werden.

Es fällt nicht leicht, sich zwischen den vielen leckeren Speisen zu entscheiden. In der Vorweihnachtszeit findet man Gansgerichte oder ein Grünkohlmenü auf der Speisekarte, aber auch vegetarische Rotkohlknödel mit einem knackig frischen Salat oder einen veganen Kürbis-Linseneintopf, der von innen aufwärmt. In der Alt-Enginger Mühle, die zu den ältesten Gebäuden im Paderborner Land zählt, kann man gesellige Stunden und sorgenfreie Momente verbringen.

TIPP

Tolles Ausflugsziel während einer Radtour im Sommer.

- Alt-Enginger Mühle, Sander Straße 105, 33106 Paderborn, Telefon (0 52 54) 93 37 78, alt-engingermuehle.de
- ÖPNV: Bus 6, 61, 68, Haltestelle Sander Straße

Komm ich trinke,
dann kannst DU fahren!
→ Jetzt

Den Weitblick schärfen

39 Vom Beketal zum Aussichtspunkt Papenberg

Wer den Wald mit seiner zauberhaften Farbwelt in Gelb- und Brauntönen und das beruhigende Rascheln der Blätter beim Durchschreiten liebt, sollte diesen Weg, der auch Teil des Paderborner Höhenweges ist, im Herbst begehen. Start ist am Parkplatz am Hildesheimer Hellweg und es geht los Richtung Altenbeken. An den Seiten wachsen knorrige Kopfweiden, die sich im Wind wiegen und deren Blätter silbrig glänzen. Bäume knarzen durch die herbstlichen Luftbewegungen. Nach dem Überqueren des Bachbetts der Beke, das im Herbst leer sein kann, folgt eine Abzweigung, an der Infotafeln staunen lassen, dass man sich in einem Naturschutzgebiet befindet. Wer dem linken oberen Weg folgt, kommt in einen Buchenwald, vorbei an mit Moos bewachsenen Bäumen. Auf der rechten Seite befindet sich der Steinbruch am Hanstein, bei dem man die verschiedenen Schichten erkennen kann, die aus Ablagerungen von abgestorbenen Meerestieren, Muscheln und Seeigeln bestehen. Sie lebten vor unglaublichen 130 Millionen Jahren in der Oberen Kreidezeit hier in einem Meer. Geht man direkt bergauf, fallen einzelne Birken auf, die mit ihren weißen Baumstämmen die Farbenvielfalt des herbstlichen Waldes sehr schön kontrastieren. Man steigt über einen Baumstamm und Äste, die quer auf dem natürlich gehaltenen Weg liegen. Nach einem wirklich abenteuerlichen Weg ist die genüssliche Auszeit beim fast 290 Meter hoch liegenden Aussichtspunkt Papenberg verdient. Die Hügel schmiegen sich sanft in die Landschaft und man sieht direkt auf die kleinen Häuschen von Neuenbeken, während weiter westlich Benhausens Häuser auf der Höhe zu erkennen sind. Klein wie Spielzeug sehen die echten Züge aus, die den Benhausener Bogen entlangfahren. Der einzigartige Blick in den Westen ist so weit, dass man sogar die grüne Domspitze in Paderborn erkennen kann. Die Sicht verliert sich dann in dem weiter weg liegenden Hellwegraum. Man kann nicht anders, als zu staunen und den sagenhaften Ausblick zu genießen.

TIPP

Eine kleine Wanderung im nahe gelegenen Dunetal lohnt sich auch.

- Parkplatz am Hildesheimer Hellweg, 33100 Paderborn-Neuenbeken
  www.teutoburgerwald.de/aussichtspunkt-papenberg
- ÖPNV: Bus 431, 452, R31, Haltestelle Kleiner Viadukt in Neuenbeken

Kleine Bühne ganz groß

40 Deelenhaus im Ükern

Magisch angezogen von den geschmackvoll restaurierten Fachwerkhäusern in der Krämerstraße 8 bis 10, entdeckt man überraschend das Deelenhaus, in dem man Wohlfühlmomente erleben kann. Das Deelenhaus wurde 1741 erbaut und war bis in die 1970er-Jahre ein Privathaus, als es dann von den Stadtwerken Paderborn umgebaut und genutzt wurde. 2012 restaurierten Renate und Gerhard E. Ortner die Gebäude zu wahren Schmuckstücken im Ükern-Viertel. Die Kleine Bühne Paderborn im Deelenhaus eröffnete 2013 ihre Pforten. Künstlerische Leiter sind seitdem Gerhard E. Ortner, der finanziell und ideell unterstützt, und Uli Lettermann, der durch seine Dozententätigkeit mit der Universität Paderborn im Fach Musik kooperiert. Mal bezaubert eine junge Jazz-Formation mit philosophisch-lyrischer Musik oder ein Tenor interpretiert gesanglich einzigartig mit Klavierbegleitung Werke von deutschen Komponisten, die im Exil eine neue Identität suchten. Auch spannende, stilvolle Improvisationsmusik sowie unterhaltsame Mischungen aus Livemusik und Lesungen mit visuellen Gestaltungselementen machen neugierig. Bei diesem anspruchsvollen Programm wundert es nicht, dass Bands wie „AnnenMayKantereit“ und „Von wegen Lisbeth“ 2014 im Deelenhaus auftraten.

TIPP

Viele Lesungen haben freien Eintritt.

Sobald man das Deelenhaus betritt, taucht man in eine Auszeit-Atmosphäre ein. Ein rustikaler hellgrauer Steinboden mit dem Muster Tudorfer Pflaster und die anheimelnd wirkenden Holzbalken sind außergewöhnlich in der Kombination. Man genießt beispielsweise mit einer spritzigen Weinschorle in der Hand, die zuvor die nette Bedienung mit einem Lächeln serviert hat, einen sorgenfreien Abend mit dem humorvollen Singer-Songwriter Gregor McEwan, der seine Fans mit melodisch-rhythmischen Klängen auf seiner Gitarre und einer verletzlichen, aber auch kraftvollen Stimme begeistert. Er mixt gekonnt Folk und Pop mit überraschenden Elementen. Während des Konzerts schwingt man einfach mit und nach dem Konzert hat man garantiert einen Ohrwurm im Kopf wie den Song „Summer Breeze“.

- Deelenhaus, Krämerstraße 8–10, 33098 Paderborn, Tel. (0 52 51) 38 71 37 www.deelenhaus.de
- ÖPNV: Bus 2, 3, 61, 68, Haltestelle Heiersstraße

KLEINE BÜHNI
PADERBOR

Kapitänin für einen Tag

41

Bistro Seemöwe am Lippesee

Der Lippesee im Stadtteil Sande ist ein beliebtes Naherholungsgebiet, um maritimes Flair zu genießen. Er ist ein Stausee des Lippe-Nebenflusses Thune und wurde 1986 offiziell in Betrieb genommen. Eine große Palette an Freizeitmöglichkeiten mit dem großen Spaßfaktor Wasser bietet sich hier an. Man kann sich kaum entscheiden, ob man nun am Salitos Beach badet oder einen flotten Segeltörn dreht. Auch eine Runde mit dem Tretboot bringt den Kreislauf in Schwung und die Partie Minigolf am See kann die Hektik des Alltags vergessen lassen.
Doch zu Beginn aller Aktivitäten sollte eine Stärkung im Bistro Seemöwe auf dem Tagesplan stehen. Während man auf einer urigen Holzbank sitzt und den Blick zu den vertäuten Segelyachten schweifen lässt, genießt man ein Fischbrötchen namens „Matjes Möwengeheimnis" mit einem „Möwensektchen". Auch ein Brötchen mit veganen Fischstäbchen steht auf der Speisetafel an der Ausgabe. Sollte man unbedingt etwas zum Wärmen von innen brauchen, hilft eine heiße Schokolade oder ein Latte Macchiato. Was sich hinter den Bezeichnungen „Qualle", „Krake", „Seestern" oder „Flosse" verbirgt, kann man ebenfalls auf der Speisetafel nachlesen. Auch für die Abteilung „Is' mir wurscht" ist gesorgt. Keiner muss hier auf seine Currywurst verzichten. Einen leckeren, krossen Flammkuchen kann man aber auch verspeisen. Und wem nach einem gebackenen Kuchen mit Sahne ist, der wird hier verwöhnt.
Es ist ein einziger Genuss, hier zu sitzen und die Schilfgräser am Uferrand zu beobachten, wie sie im Wind wippen. Das Windspiel der Blätter von Kastanien, Weiden und Erlen wird zur Seelennahrung am Lippesee. Wenn dann noch die Sonne strahlt, kann man einfach nicht anders, läuft zum Bootssteg und steigt ins Tretboot. Sobald man durchs Wasser gleitet, entspannt die Seele und die ganze Konzentration gehört den immer wiederkehrenden Tretbewegungen. Erst umkreist man die eine Insel und dann die zweite. Und man spürt das Glück, hier zu sein. „Ahoi" möchte man rufen, und zwar ganz laut.

TIPP

Livekonzerte in der Seemöwe besuchen.

- Bistro Seemöwe, Sennelager Straße 58 a, 33106 Paderborn-Sande, Tel. (0 52 54) 8 05 95 08, www.see-moewe.de
- ÖPNV: Bus 6, 68, Haltestelle Sande Schule

Weniger ist mehr

42 locker flockig unverpacktes & café am Rosentor

Den Unverpacktladen locker flockig mit eigenem Café hat Martina Heggemann 2020 in Paderborn eröffnet. In einem freundlichen Ambiente aus Beige-, Weiß-, Braun- und Grautönen empfängt sie die Kundschaft in ihrem Ladenlokal. Sympathische Verkäuferinnen stehen hilfsbereit zur Seite, wenn man seine eigenen, sauberen Behälter mitbringt, sie einwiegt und an den großen Zapfsäulen an der Wand die Lebensmittel abfüllt. Wer keine eigenen zur Verfügung hat, kann auch Behälter, die im Schrank am Eingang stehen, kostenfrei mitnehmen.

Wenn es zum Mittag Pasta mit Nudelsoße oder Pesto geben soll, ist man bestens versorgt. Einfach den Behälter unter die gewünschte Zapfsäule, zum Beispiel Farfalle, halten und den Holzhebel nach unten oder hinten drücken. Sanft rieselt die Lieblingspasta in das Glas. Ab halber Höhe stoppt man den Zufluss und schließt das Glas mit dem Deckel. Aus dem Regal entnimmt man passend dazu eine Arrabiatasoße. Die Auswahl bei locker flockig ist nachhaltig, regional und fair. Nicht nur Pasta in verschiedenen Variationen, auch Reis, Linsen oder Müsli füllt man an den Säulen ab. Besondere Süßigkeiten wie vegane Marshmallows landen ebenso in einem der Gläser. Pikante Knabbereien, beispielsweise rauchig schmeckende Pretzels, eignen sich prima als Snack für gemütliche Fernseh- oder Buchabende. In selbst mitgebrachten Plastikflaschen lassen sich aufgebrauchte Waschmittel, Spülmittel, Allzweckreiniger und Handseifen mit Lavendelduft wieder auffüllen. Die damit befüllten Säulen glänzen in futuristischen Gelb- und Grüntönen. Dies ist eindeutig die Zukunft, denkt man.

Nach dem besonders umweltbewussten Einkauf kann man eine sagenhafte Auszeit in der Cafénische genießen, mit veganen Leckereien wie einer Rum-Trauben-Nussecke, einer frischen Waffel, einer heißen Schokolade oder einem kleinen Prosecco. Man tankt wohlig Energie auf und nimmt sich endlich Zeit zum Verwöhnen. Und man verwöhnt gleichzeitig auch die Welt, wenn es weniger Verpackung gibt. Ein gutes Gefühl, oder?

TIPP

Wer zu Greenpeace Energy wechselt, erhält einen 30-Euro-Gutschein von locker flockig.

- locker flockig unverpacktes & café, Kilianstraße 5, 33098 Paderborn, Tel. (0 52 51) 8 78 79 66, www.lockerflockig-pb.de
- ÖPNV: Bus 12, 47, Uni-Linie, Haltestelle Rosentor

Basmatireis, weiß
Zutaten:

Zeitloser Klassiker

43

Gaststätte Weyher im Haxtergrund

Der Weg neigt sich talwärts in den Haxtergrund und dort, wo er sich elegant schlängelt, sieht man links das rustikale Steingebäude der Gaststätte Weyher. Gegenüber rufen die paradiesischen Pfauen in einem Tiergehege. Nicht ohne Grund nennt sich diese Gegend Waldpark Haxtergrund. Er ist der Paderborner liebstes Ausflugsziel, das in sämtlichen Grüntönen im Sommer und in herrlichen Gelb- und Rottönen im Herbst erstrahlt. Die gute Luft der Bäume ermuntert zum tiefen Durchatmen. Ein uriger Platz im Biergarten mitten in der Natur verschafft eine Ruhepause zur richtigen Zeit am richtigen Ort. Rot lackierte Tische und Stühle bilden einen schönen Farbtupfer in der Grünoase. Es ist beides in den Sommermonaten möglich: ein wärmender Platz in der Sonne oder ein lauschiges Plätzchen im kühlen Schatten der Bäume. Wer einen vierbeinigen Kumpel sein Eigen nennt, ist in der Gaststätte Weyher herzlich willkommen, denn auf Anfrage gibt es einen leckeren Knochen. Während der beste Freund des Menschen neben dem Tisch liegt, genießt man ein kühles, frisch gezapftes Bier und verwöhnt die Sinne mit dem Ausblick in den Haxtergrund.

TIPP

Erwin Grosche empfiehlt Apfelkuchen mit Sahne, der buttrig-himmlisch nach frischen Äpfeln schmeckt.

Der alte Pilgerweg führt am Waldesrand gegenüber entlang. Dieser lauschige Waldpfad lädt zum Abschalten ein. Spaziergänger, die gerne ein Waldbad nehmen möchten, können eine große Runde laufen, indem sie erst den kleinen Hügel hinauflaufen, bei den angrenzenden Feldern oben rechts abbiegen und so wieder zurück zum Haxtergrund finden.

Im vorderen, zum Teil überdachten Außenbereich der Gaststätte Weyher kann man sich Köstlichkeiten aus dem vielfältigen Angebot bestellen. Es gibt leckere Kuchen und Waffeln, aber auch Spezialitäten aus der eigenen Schlachtung, herzhaft westfälisch serviert. Und das seit Generationen: Die Gaststätte wird bereits seit dem 27. Mai 1865 von der Familie Weyher betrieben, heute von Franz Weyher und seiner Mutter Adelheid. Sie ist ein Ort, wo die Fülle der Natur sichtbar ist und die Gäste das wohlige Gefühl des Heimkommens durchdringt.

- Gaststätte Weyher, Haxtergrund 8, 33100 Paderborn, Tel. (0 52 51) 6 24 20 www.gasthof-weyher.de
- ÖPNV: Bus 46, Haltestelle Haxtergrund/Weyher

Sandburgenhochburg

44

Habichtsee in Mastbruch

Über einen kleinen Trampelpfad gelangt man auf den sandigen Waldweg, der mit Kiefernzapfen übersät ist und rund um den schönen Habichtsee in Schloß Neuhaus-Mastbruch führt. Der Habichtsee ist ein See, der zwar durch Sandabbau entstanden ist, aber eine von der Natur gelungene Mischung aus strahlendem Blau und Grün darstellt. Der Weg rund um den Habichtsee beginnt bei einer Route linksherum mit einem festgetretenen Waldweg, der seitlich in erster Linie von Kiefern flankiert wird. Man erkennt vereinzelt Birken mit ihrer eleganten weißen Rinde. Richtung Strand, der nur zum Sonnen und nicht zum Baden dient, wird der Weg sehr sandig und mündet auf einer kleinen Anhöhe in einem Kiefernwald auf der linken Seite. Rechts liegt der Strand und der Blick auf den See ist wunderbar. Kühle Luft weht vom Wasser her und ist besonders an heißen Sommertagen eine Wohltat. Wenn man den Weg um den Habichtsee weiterverfolgt, taucht man in einen angenehm schattigen Wald ein. Die Sonnenstrahlen durchbrechen teilweise die blättrigen Kronen der Bäume und geben dem Weg ein reizvolles Licht-Schatten-Muster. Linden und Eichen wachsen am Uferrand und spenden Schatten. Hier kann man sich ans Ufer setzen und seine Gedanken schweifen lassen oder zu einem Buch greifen. Auf der weiteren Runde um den See ist der Weg mit Kies befestigt, dessen leises Klackern unter den Füßen eine Wohltat für die Ohren ist.

TIPP

Der Drei-Seen-Weg führt Wanderer zu allen drei Seen im Nordosten von Paderborn.

An manchen Tagen beobachtet man Angler, die am Ufer ihr Rüstzeug aufgebaut haben und geduldig und sehnsüchtig auf einen Fang warten. Vor allem Paddler lieben den Habichtsee und veranschaulichen die hohe Freizeitqualität dieses Sees. Abschalten geht hier ganz schnell, auch ohne zu paddeln. Eine Runde um den See laufen, wofür man gut 15 Minuten in gemütlichem Tempo braucht, reicht schon. Und wenn man sich dann noch anschließend am Ufer ins Gras setzt und die Augen entspannt übers Wasser gleiten lässt, ist die Erholung perfekt. Kostenloses Glück, das mit nichts zu vergleichen ist. Natur macht glücklich.

- Habichtsee, Habichtsweg, 33104 Paderborn
- ÖPNV: Bus 11, Haltestelle Habichtsweg

Bücherei Kunterbunt

45

Medienzentrum Paderborn am Stadelhof

Wenn es draußen stürmt und regnet, gibt es nichts Schöneres, als wenn ein spannendes Buch dazu einlädt, sich in eine andere Welt zu träumen. Eine reiche Auswahl an Büchern und Medien findet man im Medienzentrum Paderborn. Dazu gehören beliebte Medien wie die Tonies, DVDs, CDs sowie Sachliteratur mit spirituellen Themen und Ratgeber, aber auch Krimis und Thriller in der ersten Etage. In der zweiten und obersten Etage versteckt sich ein Leseparadies für Kinder und Jugendliche. Hier gibt es Kinder- und Jugendromane, Comics, Brettspiele, Sach- und Bilderbücher mit kuscheligen Leseecken. In einem Spielehaus können die Jüngsten in ihrem Lieblingsbuch blättern.

Die besonders wohlige Atmosphäre entsteht durch die dunkelbraunen Holzbalken und die Holztreppen sowie die liebevollen Dekorationen. Freundliche Mitarbeiterinnen und Mitarbeiter helfen jederzeit bei der Suche des gewünschten Buchs, zum Beispiel einem Sachbuch über das Singen oder einem Tim-und-Struppi-Comic, aber auch bei der Auswahl eines geeigneten Brettspiels für die ganze Familie. Ob das Donna-Leon-Brettspiel oder der Klassiker Trivial Pursuit: Jeder findet etwas Passendes für den schönen Spieleabend zu Hause. In der Krimi- und Thriller-Etage knarzen die Holzdielen unter dem Teppichboden, wenn man sich zu den Regalen voller spannender Bücher begibt. Ein Sofa in der Ecke lädt zum Schmökern ein, bevor man sich entschließt, zu Hause weiterzulesen. Die Auswahl erstreckt sich von Klassikern bis Neuerscheinungen und lässt keine Wünsche offen.

Das Fachwerkgebäude, in dem sich das Medienzentrum befindet, ist ein seit 1984 denkmalgeschütztes Bauwerk. Es wurde 1851 vom Zimmermeister und Bauunternehmer Todt gebaut, ein Wirtschaftsgebäude mit Ställen und Werkstätten wurde um 1860 angebaut. In den 1950er-Jahren war eine Zimmerei in diesem Gebäude, bevor es 1989 zum Medienzentrum wurde, das sich zuvor seit 1975 am Rathausplatz befand. In diesen Räumen kann man die Poesie des Alltags entdecken, wenn man nach neuem Lesestoff stöbert.

TIPP

Wenn schlechtes Wetter ist, ein prima Ort für Kinder.

- Medienzentrum im Erzbistum Paderborn, Am Stadelhof 10, 33098 Paderborn, Tel. (0 52 51) 1 25 19 00, www.mz-pb.de
- ÖPNV: Bus 2, 3, 61, 68, Haltestelle Heiersstraße

Wo Hund und Katz shoppen

46 Lieblingstier in der Südstadt

Wer seinen geliebten Vierbeiner, egal ob Hund oder Katze, mal so richtig verwöhnen möchte, sollte unbedingt bei Lieblingstier vorbeischauen. Neben schönen Liegeplatzdecken in flauschigen Stoffen für den pelzigen Freund findet man hier in einem freundlichen Ambiente vor allem biologisches, artgerechtes und rohes Futter. Die Ladeninhaberin Jutta Landwehr-Jordan startete 2009 im Geschäft Pfiffikus mit dem Verkauf von Kinderstoffen und personalisiertem Tierheimbedarf im Querweg. Seit Januar 2021 heißt Pfiffikus nun Lieblingstier und kümmert sich ums leibliche Wohl von Hunden und Katzen. Hierbei achtet Lieblingstier auf artgerechte Ernährung, die aus dem Lieblingsvierbeiner einen aufgeweckten, fitten, gesunden und lebensfrohen Genossen macht. Gesündere Zähne, eine starke Muskulatur, schönes, glänzendes Fell und ein gutes Immunsystem sind das Wohlfühlergebnis.
Egal ob Leckerlis, Kauartikel oder die Lieblingsmenüs, die in den Sorten Rind, Pansen, Ente und Pferd im Tiefkühlbereich erhältlich sind, diese Nahrungsmittel für den geliebten Vierbeiner sind auf den kompletten Körperbau ausgelegt. Besonders nett ist die Probiertheke, an denen die mitgebrachte Fellnase herzhaft genießen kann und bei seiner Ernährung „mitreden" darf. Außergewöhnliche Snacks wie Hasenohren mit Fell oder Kalbshufe warten als besondere Belohnung. Aber auch unverpackte Kauartikel und Leckerchen wie Kaninchensticks oder Ziegenfleischstreifen sind liebevoll präsentiert und Dinkelballen und Wildburger sind verlockend für den Hundegaumen.
Lieblingstier bietet neben Nass- und Trockenfutter für Katzen auch Zubehör für Hunde wie Halsbänder, Leinen, Geschirr und Blinklichter für die dunkle Jahreszeit. Regionalität und Nachhaltigkeit spielen bei Lieblingstier eine große Rolle, denn die selbst produzierten Futterartikel und die der Partnerfirmen sind nur in der Nähe hergestellt. Und wer mag, der kann sich im Umkreis von 30 Kilometern zu Paderborn auch die Lieblingsmenüs nach Hause liefern lassen.

- Lieblingstier, Brüderstraße 13, 33098 Paderborn, Tel. (0 52 51) 76 07 35
www.lieblingstier.com
- ÖPNV: Bus 4, 9, 24, Uni-Linie, Haltestelle Winfriedstraße
(ab hier ca. 5 Minuten Fußweg)

unverpackte
Kauartikel &
Leckerchen
PROBIER
THEKE

Geselliger Redefluss

47 Die Waschfrauen an der Warmen Pader

Wer den Park im Paderquellgebiet aus Richtung Bachstraße durchquert, bleibt mit seinem Blick an einer Gruppe von Menschen hängen. Von Weitem sahen sie noch wie herumstehende Passanten aus, doch nun näher betrachtet sind sie lebensgroße Bronzefiguren: die Waschfrauen an der Warmen Pader, die der Bildhauer Bonifatius Stirnberg im August 1994 erschaffen hat. Auf einem Bronzegestell beugt sich eine der Waschfrauen über ein Waschbrett und schrubbt kräftig und leidenschaftlich ihre schmutzige Wäsche. Neben ihr steht eine weitere Dame und begutachtet kritisch ein bereits gereinigtes Wäschestück. Man sieht ihr förmlich an, dass sie ihr Herz anscheinend auf der Zunge trägt und nicht nur zum Waschen hier ist. Auf der Treppe unterhalten sich zwei weitere Waschfrauen angeregt. Sie sind derart in ihr Gespräch vertieft, dass sie die Welt um sich herum vergessen haben. Der Beobachter hat den Eindruck, dass dies eine Einladung ist, sich selbst rege mit anderen Menschen auszutauschen.

Bei genauerem Hinsehen erkennt man, dass einige Figuren beweglich sind. Mit großer Freude bringt man sie in andere Positionen. So kann man sich aktiv beteiligen, um die Gänse aufzuhalten, die der Gänsejunge einfangen will. Durch diese Aktivitäten erlebt man eine reizvolle und sentimentale Zeitreise zurück in die 1950er-Jahre und früher, als an der Warmen Pader die sogenannten Waschfrauen fleißig ihre Wäsche wuschen und anschließend bleichten. An dieser Stelle erfährt man auch, dass die Warme Pader deswegen so heißt, weil sie im Winter wärmer ist. Dies hat seinen Grund darin, dass sie tiefer liegt als die anderen Paderarme.

Eine kleine Auszeit kann man sich auf der Parkbank nebenan gönnen, während man das Wasser der Warmen Pader plätschern hört. Dies ist nicht nur beruhigend, sondern auch Balsam für Ohren und Seele. Und wer weiß, vielleicht kommt man auch an dieser besonderen Stelle mit dem einen oder anderen Einheimischen ins gesellige Miteinander und erfährt interessante Dinge über Paderborn?

- Die Waschfrauen an der Warmen Pader, An der Warmen Pader, 33098 Paderborn
- ÖPNV: Bus 5, 61, Haltestelle Michaelstraße (ab hier ca. 10 Minuten Fußweg)

Poetisch und romantisch

48

Mallinckrodthof in Borchen

Eine steinerne Brücke führt über die Gräfte, die rund um das Herrenhaus des Mallinckrodthofs fließt und mit Quellwasser gespeist wird. Vor diesem Fachwerkhaus sieht man eine schöne steinerne Treppe, die zur weinroten Tür emporführt. Man wandert über altertümliches Kopfsteinpflaster und sieht auf der linken Seite einen weißen Pavillon mit haubenförmigem dunkelgrauem Dach. Es ist das Annetten-Tempelchen, ein ehemaliger Lieblingsort der Dichterin Annette von Droste-Hülshoff. Hier soll sie einen Teil ihres Werkes „Die Judenbuche" geschrieben haben.

Nach Durchqueren des gepflasterten Innenhofes läuft man über eine kleine Brücke direkt in den Rosen- und Bauerngarten. Wer nun rechts abbiegt, stößt auf eine alte Hainbuche, die als Naturdenkmal gekennzeichnet ist. Zu ihren Füßen liegen vom Wetter vermooste Steine. Moos befindet sich auch auf der nach Westen zeigenden Seite ihres Stammes. Beim weiteren Entlangschlendern des verschlungenen, idyllischen Weges blickt man auf eine weitläufige Wiese. Ein großzügig angelegter Landschaftspark befindet sich hinter dem Fachwerkhaus, das von einer alten, hohen Buche, die besonders im Herbst mit rostrot strahlenden Blättern ins Auge fällt, geschmückt ist. Auf dem sanft zum Flüsschen Altenau abfallenden Gelände entdeckt man auch alte Bäume, zu denen Obstbäume gehören, deren leckere Früchte einst den Mallinckrodthof versorgten. An der südlichen Ecke des Parks kann ein historischer Felsenkeller bestaunt werden. Von dort aus spaziert man eine zauberhafte Allee aus Linden entlang und läuft zum Herrenhaus zurück.

Eine Schautafel im Innenhof erklärt, dass der Mallinckrodthof im 19. Jahrhundert dem ehemaligen Reichstagsabgeordneten Hermann von Mallinckrodt gehörte und dass das Fachwerkgebäude (Oberhaus) von 1684 wohl auf einem älteren Gebäude errichtet worden ist. Der idyllisch gelegene Mallinckrodthof lädt zu inspirierenden Spaziergängen ein, gerade zur Adventszeit, wenn der Adventsmarkt stattfindet und das Anwesen zauberhaft beleuchtet ist.

TIPP

Im Restaurant Genusswerkstatt kann man nach dem Spaziergang westfälisch-französisch genießen.

- Mallinckrodthof, Mallinckrodtstraße 6, 33178 Borchen
  www.borchen.de/freizeit
- ÖPNV: Bus 470/471, R70/R71, Haltestelle Nordborchen-Kreuzricke

Der Ursprung allen Lebens

49 Quellkeller in der Kaiserpfalz

An der Nordseite des Doms liegt das Museum in der Kaiserpfalz. Besucherinnen und Besucher erhalten in diesem Museum einen sagenhaften Einblick in die Pfalz Karls des Großen, der hier im Jahr 777 eine Reichsversammlung oberhalb der Paderquellen abhielt. 777 gilt somit als Gründungsjahr von Paderborn. Die Kaiserpfalz, eine Residenz des Kaisers, war damals eine Holz-Erde-Konstruktion. Nach der ersten Zerstörung wurde sie als Domburg mit 280 Metern Länge und 250 Metern Breite und einer 1,5 Meter dicken Kalksteinmauer, der ein Wall und ein Graben vorgelagert war, wieder errichtet. Im Inneren der Anlage befanden sich die Königshalle und die Salvatorkirche.

Nicht nur Wandmalereien, sondern auch Gläser und andere archäologische Funde spiegeln ein fantastisches Bild der damaligen Anlage wider. Ebenso erfährt man hier interessante Fakten über die Geschichte Paderborns und Westfalens vom 6. bis 12. Jahrhundert. Die Blütezeit Paderborns fand im frühen 11. Jahrhundert statt. König Heinrich II. ließ in dieser Zeit den Nachfolgebau errichten, die ottonisch-salinische Pfalz, die bis ins 12. Jahrhundert von deutschen Königen genutzt wurde und zusammen mit ihren Kapellen und dem mystischen Quellkeller rekonstruiert wurde.

TIPP

In den heißen Sommermonaten ist der Quellkeller erfrischend kühl.

Wer auf den steilen Stufen zum Quellkeller hinabsteigt und die robuste Eingangstür öffnet, wird mit einem einmaligen Blick auf den Ursprung allen Lebens belohnt. Das mittelalterliche Gewölbe spiegelt sich in dem milchiggrünen Quellwasser und erzeugt eine energiegeladene Atmosphäre. Wen wundert es, dass sich zahlreiche Sagen um den tiefen, kühlen Brunnen spinnen. Die bekannteste handelt von einem mit Geisterbann verborgenen Schatz, der aus Goldpalästen und Burgen aus Perlen besteht. Diamantblumen blühen dort ebenso, wie Bäche aus Wein über Rubinfelsen fließen. Wer nun genau in das geheimnisvolle Wasser blickt, kann den Schatz vielleicht erkennen, der hier verborgen ist. Neben dem Spiegelbild des kleinen Drachen, der aus einem Ei schlüpft, schimmert das eigene Gesicht.

● LWL-Museum in der Kaiserpfalz, Am Ikenberg, 33098 Paderborn, Tel. (0 52 51) 10 51 10, www.lwl-kaiserpfalz-paderborn.de
ÖPNV: diverse Busse, Haltestelle Rathausplatz (ab hier ca. 10 Minuten Fußweg)

Einladung zum Sinnieren

50 Paderauen mit Padersee

Der romantische Spaziergang auf dem Padersteinweg ist äußerst reizvoll, was die natürlichen Begebenheiten und die überaus grüne Landschaft betrifft. Er beginnt rechts neben dem Welcome-Hotel im Fürstenweg und endet am bezaubernden Padersee. Der Fuß- und Radweg ist durchgängig befestigt und abwechselnd asphaltiert sowie mit Steinen gepflastert. Am Padersee ist der Weg aus feinem Kies, was ein sehr natürliches Ambiente bietet.
Das Besondere des Padersteinwegs ist der parallele Verlauf zur Pader, Deutschlands kürzestem Fluss mit nur fast 4 Kilometern. Büsche, Unterholz, Wiesen und hohe Laubbäume in großer Vielfalt findet man am Rande des Weges. Die Passagen mit Bäumen und ohne Bäume wechseln sich immer wieder ab und bringen abwechselnd Schatten und Licht. Die grünen Riesen sind nicht nur willkommene Schattenspender, sondern garantieren zudem gute Luft beim Spazierengehen. Die nahe gelegene Pader versorgt die Pflanzen mit wertvollem Wasser und sorgt somit für sehr üppiges Wachstum in den Paderauen. Man kann hier die gesamte Grünpalette der Natur genießen, vom zarten Maigrün bis zum satten Forstgrün. Somit ist der Padersteinweg Urlaub für Augen und Sinne.

TIPP
Im Pader Café am Padersee sitzen und sich kulinarisch verwöhnen lassen.

Kurz vorm Erreichen des Padersees verläuft der Padersteinweg durch einen berauschenden Blättertunnel und führt rechts direkt zum Padersee, auf dem sich zahlreiche Wasservögel meist in der Nähe des Schilfs aufhalten. Mit ein wenig Glück kann man während des Spaziergangs in den Paderauen den Eisvogel mit seinem auffälligen blau-orangen Federkleid beobachten, der seine Beute an und aus der Pader bezieht. In erster Linie ernährt er sich von kleinen Süßwasserfischen, aber auch von Insekten, kleinen Fröschen und Kaulquappen. Auch die Wasserralle oder der Kleinspecht wurden schon gesichtet. Und wenn irgendwo ein Kuckuck in der Nähe auf einem der vielen Zweige sitzt und seinen typischen Laut im Frühjahr ruft, sollte man genügend Geld im Portemonnaie haben. Dann ist es nämlich das ganze Jahr reichlich gefüllt.

- Paderauen mit Padersee, Padersteinweg, 33102 Paderborn
www.paderborn.de/sport-freizeit/laufen
- ÖPNV: Bus 11, Haltestelle Rolandsweg

Wie Ferien in Irland

51 The Auld Triangle am Kasseler Tor

Auf der Rückseite der Liborigalerie befindet sich ein urgemütlicher Irish Pub namens „The Auld Triangle", der stilvoll in die alte Stadtmauer von Paderborn eingebaut ist. Gelbe dreiblättrige Kleeblätter und Harfen verzieren die rustikale dunkelgrüne Holzfassade. Wer hier einkehrt, dem wünscht man Glück, und man schenkt ihm eine riesige Portion Musik. Und so ist es Dienstag- und Freitagabend zwischen 21 und 22 Uhr Zeit für die beliebten Karaokenächte. Wenn der Gast, der gerade noch nebenan saß, sich plötzlich auf die Bühne emporschwingt und ungeahnte Gesangskünste offenbart, ist man geneigt, selbst mitzusingen. Und es singen immer mehr mit, denn praktischerweise wird nicht nur den Sängerinnen und Sängern der Liedtext eingeblendet, sondern er wird für alle an die Wand projiziert. Lieder wie Ben E. Kings „Stand By Me" oder „An Tagen wie diesen" von den Toten Hosen zeigen die große Palette an Gesangsmöglichkeiten für die Gäste. Jede Sängerin und jeder Sänger interpretiert anders und es ist eine Freude, den Menschen auf der Bühne bei ihren Lieblingssongs zuzuhören.

TIPP

Im The Auld Triangle gibt es auch Livemusik sowie Quiz- und Bingo-Abende.

Aber nicht nur Musik ist ein Thema in „The Auld Triangle", auch fürs Leibeswohl ist gesorgt. Guinness, Kilkenny, Cocktails, Softdrinks und Snacks wie Toasts oder Pizza kann man in dieser Wohlfühlatmosphäre zu sich nehmen. Und es heißt immer wieder: „Sláinte" (slorn-tsche ausgesprochen), was Irisch-Gälisch ist und wörtlich Gesundheit heißt.

Der Name des Irish Pubs stammt übrigens aus einer irischen Ballade des irischen Schriftstellers und Songwriters Dominic Behan. Diese Ballade schrieb er für das 1954 uraufgeführte Theaterstück „The Quare Fellow" seines Bruders Brendan Behan. In der Ballade beschreibt er seine Erfahrungen im Dubliner Mountjoy Prison. Eine alte Triangel diente in diesem Gefängnis jeden Morgen zum Wecken der Insassen. Zum Glück fühlt man sich in „The Auld Triangle" nicht wie im Gefängnishof, sondern wie an einem Ort, der musikalischen mit kulinarischem Genuss magisch verbindet. Sláinte!

e Auld Triangle, Kasseler Mauer 11, 33098 Paderborn, Tel. (0 52 51) 29 63 64
www.auldtriangle.de
ÖPNV: diverse Busse, Haltestelle Kamp (ab hier ca. 5 Minuten Fußweg)

GUINNESS

Kommunikativ und zeitlos

52 Paderborner Markt auf dem Domplatz

Wer gerne das Gemüt und die Interaktion der Paderbornerinnen und Paderborner erforschen will, der sollte über den Paderborner Markt schlendern, der mittwochs und samstags stattfindet. Hier sieht man Einheimische vertieft in Gespräche mit Freunden und Bekannten. Hier werden Neuigkeiten ausgetauscht und für den Mittags- oder Abendtisch eingekauft. Schmackhafte Tomaten, frischen Salat, knackigen Grünkohl und orange leuchtende Kürbisse erhält man im Herbst beim freundlichen Markthändler aus der Region. Eine kompetente Beratung ist sowieso inklusive und nette Worte werden ebenso gewechselt. Der nächste Stand bietet frische Eier, braun oder weiß, gute Kartoffeln, knackige Bohnen oder auch aromatisch duftende Clementinen und Orangen. In einem der Verkaufsautos gibt es leckeren Käse und Biofleisch, sogar die in Paderborn beliebten Mettendchen.

Man lässt sich vom bunten Treiben des Marktes anregen und spaziert zu einem der Imbiss-Stände. Für einen kleinen Snack oder eine duftende Tasse Kaffee kann man sich Zeit nehmen, um dann weiter in die frischen, regionalen Angebote und die wirklich große Vielfalt des Marktes einzutauchen. Am Blumenstand hat man die Wahl, je nach Jahreszeit, zwischen Sonnenblumen, die schon Vincent van Gogh zu seinen Lieblingsblumen erklärt hat, und edlen Rosen.

TIPP

Freitags den Palavermarkt mit zertifizierten Biobetrieben besuchen (14 bis 18 Uhr).

Vor dem ersten Advent beginnt neben dem Paderborner Markt der Weihnachtsmarkt – für zusätzliche Glücksmomente ist hier sorgt. Ein plauschiger Aufenthalt in einer begehbaren Weihnachtspyramide im ersten Stock vergoldet das süße Nichtstun zusammen mit einem Tässchen schmackhaftem Glühwein, der in vielen Variationen gereicht wird. Ein Stand mit allen möglichen bequemen, warmen Socken im Angebot stellt vor die Qual der Wahl und Stände mit Weihnachtsschmuck aus Holz, Keramik und Glas laden zum Bestaunen ein. Die Weihnachtsstimmung erlebt abends mit Blick auf den Dom einen weiteren Höhepunkt, wenn das beleuchtete Dach des Glockenturms in allen Farben abwechselnd erstrahlt.

● Paderborner Markt, Domplatz, 33098 Paderborn
www.paderborn.de/microsite/wochenmarkt
● ÖPNV: Bus 2, 3, 7, 8, 68, Haltestelle Am Bogen

Sprudelnde Fantasie

53

Jordanquelle in Bad Lippspringe

Die hochgewachsenen Linden, Kastanien und Buchen strahlen zusammen mit dem emporquellenden, klaren Wasser der Jordanquelle eine besondere Energie aus. Ihr Name stammt aus der Zeit Karls des Großen, als dieser 776 an dieser Stelle die Sachsentaufe durchführen ließ. Hier ist ein Ort, an dem man sich selbst begegnet und sich für eine kleine Ruhepause auf einer der Parkbänke Zeit nimmt. Rund um die Jordanquelle sind Steine geschichtet, die reizvoll mit Moos und Efeu überwuchert sind. Urig gestaltete Treppen aus Bruchsteinen führen hinab zum Quellgebiet, das ebenfalls mit Bruchsteinen umrahmt ist und an dessen Seite Farn wächst. Im Herbst sind die gelblich gefärbten Blätter der Kastanien und deren herabgefallene glänzende Kastanienfrüchte ein zusätzlicher Farb- und Naturzauber, während im Sommer das Quellwasser besonders reizvoll glänzt und glitzert. Drei Quellaustritte gibt es an der Jordanquelle, deren Wasser den 20 Meter langen Jordan speist, bevor er in den Thunebach und dann nach einem Linksknick weiter als Jordan fließt. Die Jordanquelle wird auch als Karstquelle bezeichnet, da sie aus versickerndem Wasser der Beke und Durbeke der westlichen Ausläufer des Eggegebirges stammt. Sie ist unterirdisch mit der Lippequelle im benachbarten Arminiuspark verbunden. Sobald der Wasserstand der Lippequelle sinkt, verringert sich auch der Stand der Jordanquelle.

TIPP

Heilwasser von der Arminiusquelle im benachbarten Arminiuspark probieren.

Es verwundert nicht, dass an diesem Kraftort Sieglinde Schröder, eine Märchenerzählerin aus Bad Lippspringe, Geschichten erzählt. Geschichten, in der die Tochter nach dem Tod ihrer Mutter und dem Rat, die Liebe zu meiden, an eine Quelle kommt und Wasser trinkt. Sie trifft an der Schicksalsquelle einen Mann, der ihr dabei helfen will, dass die Liebe sie nie erwischt. Wie diese spannende Geschichte ausgeht, kann man bei einer der Lesungen von Frau Schröder an der Jordanquelle erfahren (www.dasmaerchenkommt.de). Die Quelle hinterlässt bei jedem Wirkung, vor allem mit einer märchenhaften Geschichte.

- Jordanquelle, Am Jordanpark, 33175 Bad Lippspringe
- ÖPNV: Bus R51, Haltestelle Stadtmitte (ab hier ca. 15 Minuten Fußweg)

Modern mit viel Historie

54 Gaststätte Bobberts am Theater

Während man in roten Plüschsitzen versinkt und die abwechslungsreiche Speisekarte ausgiebig studiert, wird man wohlig von der träumerischen Atmosphäre in der Gaststätte Bobberts eingehüllt. Der Kristallleuchter mitten im Clubraum beleuchtet die genussvolle Szene im Lokal und korinthische Säulen sorgen für ein Ambiente wie im Theater gegenüber. Von hier aus blickt man auf das Theater, auf dessen großzügig angelegter Fassade zwei riesige und lange Bildschirme prangen, auf dem immer wieder eine Szene animiert dargestellt wird. Bunte Fische schwimmen fröhlich dahin und wechselnde Fotos von Sehenswürdigkeiten bewegen sich wie perlendes Mineralwasser vor dem Auge.

Die stilsicher ausgesuchte Musik im Hintergrund begleitet bei den kulinarischen Genüssen. Fleischgerichte, aber auch vegetarische und vegane Gerichte werden angeboten. Auf Anfrage erhält man sogar glutenfreie Menüs. Die Speisekarte wechselt regelmäßig und es werden Mittagsmenüs sowie To-go-Gerichte angeboten. Kein Wunsch bleibt bei Bobberts unerfüllt. Eine Weinkarte mit handverlesenen Weinen von deutschen und italienischen Winzern verspricht Genuss pur. Beispielsweise kann man sich ein zartes Wiener Schnitzel mit einem kühlen Riesling von der Mosel bestellen.

Bereits 1740 wurde das Bobberts vom Stadtkämmerer Bernd Höckelmann erbaut. Die Bewohner des Hauses waren Brauer oder Bäcker, aber immer auch Gastronomen, die in und von dem Haus lebten. Seinen Namen erhielt die Gaststätte Bobberts dann um 1906. Gegen Ende des Zweiten Weltkrieges wurde die Gaststätte Bobberts beschädigt. Aber sie wurde wieder instand gesetzt und Maria Theresia Bobbert verkaufte das Haus nebst Grundstück 1986 an die Volksbank Paderborn-Höxter-Detmold, die den gastronomischen Betrieb weiterführen ließ. 1996 wurde das Bobberts abgerissen, kehrte aber 2013 in der Volksbankpassage in neuem Glanz zurück. Die bewegende Geschichte der Gaststätte Bobberts bringt eine lange Tradition in unsere heutige Zeit zurück, mitten ins Herz von Paderborn.

- Gaststätte Bobberts, Neuer Platz 3, 33098 Paderborn, Tel. (0 52 51) 1 84 42 27 www.bobberts.de
- ÖPNV: diverse Busse, Haltestelle Rathausplatz

Schnuckeliger Anblick

55 Heidschnuckenschäferei Senne in Hövelhof

Beim Betreten des Stalls heben die stolzen Böcke der Grauen Gehörnten Heidschnucke, die neben ihren Futtertrögen voll mit Heu und Getreide stehen, interessiert die Köpfe. Ihre korkenzieherförmigen Hörner thronen auf dem schwarzen Kopf mit großen schwarzen Kulleraugen, umrahmt von einem schwarzen, langhaarigen Fellkragen, der ab den Vorderbeinen in ein gräuliches, langhaariges Fell wechselt. Junge Lämmer, die im März/April in komplett schwarzem Fell geboren wurden, schauen den Besucherinnen und Besuchern auf der Tribüne oberhalb des Stallbodens neugierig entgegen. Die langen dunkelbraunen Ohren stehen gewitzt zur Seite, der helle Bart sticht freundlich vom sonst schwarzen Kopf hervor und ihre braun-schwarz changierenden Felle erinnern an Teddybären. Die weiblichen Grauen Gehörnten Heidschnucken tragen auch Hörner, aber sie sind kürzer und nicht wie ein Korkenzieher verdrillt.

TIPP

Das Heideblütenfest im Sommer ist etwas für die ganze Familie.

Die beeindruckende Herde der Heidschnuckenschäferei Senne in Hövelhof besteht aus gut 500 Mutterschafen mit zehn bis zwölf Zuchtböcken, wobei die Herde jedes Jahr im Frühjahr einen Zuwachs von mehreren Hundert Lämmern erlebt. Der Stall, in dem die Tiere untergebracht sind, ist Teil der Biologischen Station Senne und wie das Heulager in den Gebäuden der Nordrhein-Westfalen Stiftung untergebracht. Zum Weiden werden die Heidschnucken von Schäferinnen und Schäfern in Begleitung von Hütehunden meist auf das Gelände des Truppenübungsplatzes Senne geführt.

Die Heidschnuckenherde wurde 1988 von der Arbeitsgruppe Landschaftspflege und Artenschutz e. V. mithilfe von Schafpatenschaften aufgebaut, um die Heideflächen in der Senne zu pflegen. Da sich die Heidschnucken vom spärlichen Wuchs auf den Heideflächen ernähren können, sind sie ideal für die Pflege der Heideflächen, damit keine Gehölze in den Heidelandschaften aufkommen. Nach telefonischer Anmeldung kann man die Heidschnucken besuchen. Wenn man im Wonnemonat Mai die Lämmer beobachtet, ist dies ein unvergessliches Erlebnis.

- Heidschnuckenschäferei Senne, Sennestraße 233, 33161 Hövelhof, Tel. (0 52 57) 69 33, www.bs-paderborn-senne.de/unser-verein
- ÖPNV: Bus H3, Haltestelle Hövelhof-Untersenne, Lippspr. Postweg (ab hier ca. 10 Minuten Fußweg)

Nostalgischer Charme

56

DornStein Genussmanufaktur in Marienloh

Schon von außen verspricht die DornStein Genussmanufaktur ein Ort zu sein, an dem man frische Kraft sammeln kann. Der Name DornStein kommt durch die beiden Familien Dorn und Steinbach zustande. Sie haben das Prior-Fachwerkhaus aus dem 17. Jahrhundert, das mit rustikalen roten Backsteinen erbaut ist, authentisch umgebaut. Es strahlt Tradition und Zeitgeist aus, was auch Motto des befreundeten nachhaltigen und ökologischen Weinguts Walter J. Oster ist, das in 15. Generation geführt wird. Die Rebstöcke für die Rot-, Rosé- und Weißweine wachsen sogar auf dem steilsten Hang der Welt, in der Calmont-Region an der Mosel. Aber nicht nur Rot- und Weißweine sind im Angebot des DornSteins, auch Rum, Grappa, Whisky, Gin, Brandy oder Likör, die in ovalen Glasgefäßen hängend in Holzgestellen gelagert werden. Während man sich die Spirituosen abfüllen lassen muss, gibt es für den Ausschank zahlreiche Weine sowie Sekt und Secco.

TIPP

Das stilvolle Wein-Tasting ausprobieren.

Im hinteren Verkaufsraum, in dem sich schlichter Fachwerkbau mit verputztem Fachwerkbau stilvoll abwechselt, befinden sich beispielsweise auch Aufstriche, Saucen und Dips sowie Gelees, Pesto, Olivenpaste und Grissini, die in zu Regalen umgebauten Holzkisten angepriesen werden. Die Vielfalt ist groß und man überlegt, ob man nicht auch Pralinen mit Feigen-Dattel-Füllung als Mitbringsel oder Geschenk mitnehmen sollte.

Erwartungsvoll betritt man den mit Kies ausgelegten Gartenbereich. Auf urigen Korbstühlen und an Tischen, die wie Baumstämme erscheinen, lässt man sich nieder und der Blick schweift ins Grüne. Die Weinkarte hat eine große Auswahl und nach einigen Überlegungen bestellt man sich zum Ausklang des Abends ein Glas Neefer Frauenberg, einen trockenen Riesling, der fruchtig den Gaumen verwöhnt. Dazu kann man sich eine Käse- oder Schinkenplatte, eine Knabberei oder Brot mit Dip servieren lassen. An diesem Ort stellt sich ein Wohlfühlmoment ein, in dem die Fülle des Lebens fühlbar wird und zu einer Auszeit führt, die einzigartig ist.

- DornStein Genussmanufaktur, Detmolder Straße 325, 33100 Paderborn, Tel. (01 71) 5 57 08 36, www.dorn-stein.de
- ÖPNV: Bus R50, R51, Haltestelle Im Felde

Grappa
GRAPPA LUGANA
4,90

Auszeit für Naturfreunde

57 GPS-Pfad Altenau-Renaturierung in Lichtenau-Husen

Eine besonders naturverbundene Wanderung kann man auf dem GPS-Pfad Altenau-Renaturierung erleben, der im Naturschutzgebiet Marschallshagen und Nonnenholz mit oberem Altenautal liegt. Nachdem man auf seinem Smartphone die Standortfunktion aktiviert und den QR-Code auf der großen Schautafel eingescannt hat, kann das Alltagsabenteuer beginnen, das nicht nur von März bis Oktober sehr reizvoll ist. Über eine Brücke überquert man die Altenau, deren Fließgeschwindigkeit durch das Fallenlassen eines Blattes auf die Wasseroberfläche besser beobachtet werden kann. Dem Weg weiter folgend erreicht man die erste Station „Die Altenau und ihre Geschichte". Neben anschaulichen Fotos erfährt man von der Hochwasserkatastrophe von 1965 und dass damals die Altenau begradigt wurde. Man kann sich aber auch Vogelstimmen anhören, wie vom Eisvogel, Schwarzstorch oder der Wasseramsel.

TIPP

Die Annenkapelle befindet sich in der Nähe.

Voller Neugier wandert man den Weg weiter und kommt zum Punkt „Krumm statt gerade!". Die Schautafel zeigt hier einen Trampelpfad an, der quer durch die Aue führt. Hinter dem Gattertor versinken die Schritte weich im Gras. Die Hufeindrücke in der Wiese und Kuhfladen lassen auf eine Beweidung durch Rinder schließen. Von wilder Natur umgeben sieht man Äste und Baumstämme mit verwitterter Rinde über der Altenau liegen. Buschige Gräser wachsen urwüchsig in der Aue und der Trampelpfad führt zu großen, fast quadratischen Steinen, die über die Altenau führen. Man balanciert und spürt den immer sicherer werdenden Schritt auf den Steinen. Mit einem Gefühl der Zufriedenheit erreicht man das andere Ufer und blickt auf den Wald mit den vielen Buchen und einigen Eichen. Über ein weiteres Gattertor verlässt man die Auenlandschaft und taucht in den Wald ein. Es geht leicht bergauf. Beim GPS-Quiz kann man ein Blätterquiz rund um Erle, Silberweide und Esche lösen. Und beim Blick von der Anhöhe des Wanderweges, der Teil der KlimaErlebnis-Route ist, macht sich ein Gefühl der inneren Ruhe breit und man sammelt frische Kraft.

● GPS-Pfad Altenau-Renaturierung, Wanderparkplatz an der K69 Richtung Blankenrode (rechte Straßenseite), 33165 Lichtenau-Husen

Völlig losgelöst

58 Modellflugclub Benhausen

Der Dachverband des Vereins Modellflugclub Benhausen ist der Deutsche Modellflieger Verband (DMFV), Europas mitgliederstärkste Interessenvertretung für Modellflugsportler. Der DMFV betreut über 1300 Vereine, darunter ist auch der 1979 gegründete Modellflugclub Benhausen. Auf dem grünflächigen Flugplatz, der sich in Benhausen am Rande des Schmittenwegs befindet, treffen sich die Mitglieder meist samstags oder sonntags bei schönem Wetter. Besucher sind herzlich willkommen. Wer Mitglied werden und selbst fliegen möchte, meldet sich bei Martin Starka, dem ersten Vorsitzenden des Vereins. Doch auch schon das Zuschauen bereitet großes Vergnügen. Auf dem Flugplatz am Schmittenweg kann man den Modellflugpiloten zusehen, die eine Drohne fliegen. Wer weit in den Himmel blickt, ahnt nur ein bisschen, dass Drohnen bis zu 120 Meter hoch fliegen können. Am Boden sieht der Drohnenpilot mithilfe einer speziellen Brille die Welt, die ihm zu Füßen liegt, wobei die gültigen Gesetze bei Drohnen beachtet werden. Kunstreiche Flugaktionen kann man bei Hubschraubern mit Elektroantrieb beobachten. Die Meisterleistung eines Modellpiloten: wenn der Modell-Hubschrauber kopfüber fliegt. Von den Modellpiloten erfährt man, dass sie zum Üben das Bedienelement am Computer anschließen und Simulationsflüge durchführen. Ein besonderes Erlebnis ist es, wenn man ein Modell-Motorflugzeug beobachtet, dass ein Modell-Segelflugzeug nach oben zieht und oben die Leine ausklinkt.
Diesem Hobby kann mitten im Grünen nachgegangen werden und es ist eine ausbalancierende Abwechslung. Man erlebt sowohl Momente der Zufriedenheit, wenn Flugmanöver klappen, als auch eine echte Auszeit und ein Beisammensein mit Menschen, die auch Bastler sind. Zur Erhöhung des Zusammengehörigkeitsgefühls wird oft gegrillt, was dieses Hobby zu einem einzigartigen Event macht. Modellfliegen ist auch in den Wintermonaten möglich. Dann treffen sich die Modellpiloten mit dem beflügelnden Hobby in der Sporthalle am Rolandsweg in Paderborn.

● Modellflugclub Benhausen, Mörikestraße 40, 33100 Paderborn, Tel. (0 52 51) 87 41 04, www.mfc-benhausen.de
● ÖPNV: Bus 8, Haltestelle Postweg (ab hier ca. 15 Minuten Fußweg zum Schmittenweg)

RAPTOR

Am rauschenden Bach

59 Mühlencafé nahe der Paderhalle

Schon allein der Weg zum Mühlencafé in der Stümpelschen Mühle, die 1810 erbaut wurde, ist durch seine verwinkelten Ecken romantisch. Über eine Brücke der Pader hört man das sanfte Rauschen, das durch das große hölzerne Mühlenrad erzeugt wird. Am Gebäude befindet sich ein Zählwerk, auf dem steht, wie viel Kilowatt sauberer Strom seit 2014 erzeugt wurde. Das Gebäude ist architektonisch eine außergewöhnliche Mischung aus Fachwerk, Steinbau und modernem Bau. Im Eingangsbereich des sehr einladend wirkenden Mühlencafés erhält man Einblick in ein verwinkeltes Fachwerkkonstrukt, das gemütliche Lese- und Genussecken zum Entspannen sowie eine Spielecke mit Spielküche und Schaukelpferd beherbergt. Im Hintergrund läuft ruhige Instrumentalmusik, die jazzig klingt und die Atmosphäre bereichert.

TIPP

Am ersten Samstag im Monat wird eine Führung im Mühlenmuseum angeboten.

Man kann sich im Erdgeschoss auf einem Polsterstuhl mit königlichem Muster niederlassen oder man sucht sich im ersten Stock hinter dem Trichter eines Schrotganges ein idyllisches Plätzchen. Aber auch neben Mühlstein, doppeltem Walzenstuhl oder Gurtbecherwerk ist ein stimmungsvoller und einzigartiger Aufenthalt garantiert. Ein Kännchen Biotee wie der schwarze Tee „Istanbul Nights“ mit Düften aus „Tausendundeiner Nacht“ oder „Lazy Daze“ mit fruchtig-frischem Geschmack runden das schöne Erlebnis ab. Aber auch ein Espresso mit Kürbissirup im Herbst oder eine Kürbissuppe mit Kokos und Ingwer, fein abgemischt, munden und wärmen von innen, wenn es draußen ungemütlich ist. Auch ungewöhnliche Speisen wie eine Kartoffelwaffel mit Kürbis, Ziegenkäse und Apfel im Herbst laden zum Genießen in diesem atmosphärischen Café ein.

Das Mühlenrad läuft nicht nur extrem leise aufgrund einer Zerstäubungstechnik, sondern beliefert auch das gesamte Gebäude sowie ein Elektroauto mit sauberer Energie und dient zum Beheizen des Gebäudes. Die überschüssige Energie wird zudem ins öffentliche Netz eingespeist. Als Kornmühle gestartet ist die Stümpelsche Mühle heutzutage ein Vorbild für die Erzeugung von sauberem Strom.

- Mühlencafé, Spitalmauer 27 c, 33098 Paderborn, Tel. (0 52 51) 1 84 04 30 www.muehlencafe.info
- ÖPNV: Bus 5, 6, 28, 61, 68, Haltestelle Maspernplatz (ab hier ca. 10 Minuten Fußweg)

Trichter
Haue

i-Tüpfelchen zum Glück

60 Iburg in Bad Driburg

Schon der Weg zur Iburg ist ein eindrucksvolles Erlebnis. Wenn man dem Weg kurz vor der EGV Schutzhütte „Driburger Hütte“ aus nach links folgt, säumen Laubbäume wie Ahorne den Weg, während vor allem Rotbuchen, die bis zu 40 Meter hochwachsen, den Kern des Waldes bilden. An der nächsten Kreuzung befindet sich der Wanderweg „Schöne Aussicht“, der optimal für weitere Wanderstrecken ist: von der kurzen Rundtour bis zur mehrtägigen Streckenwanderung. Wenn man nun links Richtung Iburg und Sachsenklause abbiegt, vorbei an weiteren Parkmöglichkeiten, folgt man leicht bergab einem Weg, der bei gutem Wetter herrliche Lichtspiele bietet, wenn die zarten Sonnenlichtstrahlen das dichte Blätterwerk der alten Rotbuchen bis zum Boden durchdringen. Nachdem man am nächsten Parkplatz links vorbeiläuft und schließlich den natürlich wirkenden Graben zur bruchstückhaft erhaltenen Burganlage überquert, sieht man ihn endlich, den imposanten Bergfried der Iburg, die bereits im 8./9. Jahrhundert als sächsische Fluchtburg zur Abwehr gegen die fränkischen Nachbarn erbaut wurde. Der Bergfried besteht aus hellen Kalksandsteinen und diente damals als letzte Zuflucht. Daher war er nur über eine Strickleiter erreichbar.

TIPP

Ein kleiner Abstecher in die Sachsenklause lohnt sich für hungrige und durstige Wanderer.

Begibt man sich auf eine kleine Zeitreise ins Jahr 772, als die Sachsenkriege begannen, hört man von der Eroberung der Iburg durch Karl den Großen, den König des Frankenreiches, trotz der drei steil abfallenden Seiten und der Befestigungsanlagen der Westseite, auch Sachsenwall bezeichnet. Bischof Bernhard I. von Oesede gründete 1138 das Benediktinerinnenkloster, das sich auf dem Gelände der Iburg befand. Doch 1142 siedelten die Benediktinerinnen nach Gehrden über. 1189 wurde die Iburg vom Fürstbischof von Paderborn zur Ritterburg ausgebaut. Es wohnten überwiegend adlige Familien und deren Gefolgschaft in der Iburg, die dann 1444 während der Soester Fehde zerstört wurde. Im Anblick all der Geschichtsdaten erfährt man Urlaub für die Augen bei einem weiten Blick ins Weserbergland.

- Iburg, 33014 Bad Driburg
bad-driburg.teutoburgerwald.de/ausflugsziel/iburg-ruine
- ÖPNV: Bus 431, Haltestelle Stellberg (ab hier ca. 30 Minuten Fußweg)

Vielfalt der Perspektiven

61

Kunstverein Paderborn beim Rathaus

Der 1968 gegründete Kunstverein Paderborn e. V. geht stets neue Wege der Kunstentwicklung. Er bewertet sowohl Traditionelles neu und berücksichtigt innovative Strömungen in der Kunst. Über 230 Mitglieder zählt der Verein. Kunstschaffende bewerben sich und die Mitglieder des Kunstvereins Paderborn entscheiden durch Abstimmungen, welche Künstlerinnen und Künstler ihre Werke eindrucksvoll in den teils lichtdurchfluteten Räumlichkeiten in warmer Atmosphäre ausstellen. Die erste Vorsitzende des Kunstvereins Paderborn, Dr. Alexandra Sucrow, lädt zu bis zu sechs Ausstellungen zeitgenössischer Kunst pro Jahr ein. Zum weiteren Programm des Kunstvereins Paderborn gehören die „Offenen Ateliers", die von Paderborner Künstlerinnen und Künstlern organisiert werden. Bei dieser Aktion ist es den Besucherinnen und Besuchern möglich, wertvolle Einblicke in die Ateliers und somit einen beflügelnden Blick hinter die Kulissen zu werfen. Weiterhin verleiht der Kunstverein Paderborn mit wechselnder Unterstützung der Universität Paderborn oder der Sparkasse Paderborn-Detmold zwei besondere Preise. Zum einen handelt es sich dabei um den Dr.-Käthe-Sander-Wietfeld-Förderpreis für Kunststudentinnen und -studenten, und zum anderen um den Kunstpreis für Künstlerinnen und Künstler, die das Bild Paderborns entscheidend beeinflussen und präsentieren.

TIPP

Es werden auch Onlineführungen zu den einzelnen Ausstellungen angeboten.

Malerei, Grafik, Plastik, Architektur, Objektkunst, Fotografien und neue Medien findet man in den Räumen am Kamp. So auch die 21 Arbeiten der in Bad Schwalbach geborenen Künstlerin Yasmin Alt. Anhand ihrer minimalistischen Monumente, die aus Tischlereiresten entstanden, erfährt man lebendig die Wechselwirkung zwischen Architektur, Ästhetik und Raum.

Kurzum: Mal findet man beim Kunstverein Paderborn federleichte Papiercollagen, mal präsentieren mehrere Künstler Original-Album-Cover-Artworks und ein anderes Mal verzaubern kreative Installationen. Aber auch experimentelle Holzschnitte oder körperbetonte Plastiken hinterlassen einen inspirierenden Eindruck.

● Kunstverein Paderborn, Kamp 13, 33098 Paderborn, Tel. (0 52 51) 6 83 52 81
www.kunstverein-paderborn.de
● ÖPNV: diverse Busse, Haltestelle Rathausplatz

62 Senner Pferde am Güsenhofsee

Schon von Weitem erkennt man das auffällige Weiß der Birken, die allein oder inmitten von Eichen stehen – oder ist es doch das typisch hellgraue Fell eines Senner Pferds, das auf der Weide durch die Bäume blitzt? Gemütlich grasend verteilen sich etwa fünf der eleganten Tiere über die Ganzjahresweide östlich des Güsenhofsees. Ein weiteres Pferd mit glänzendem braunem Fell mischt sich immer wieder darunter. Als es sich nähert, hebt eine Stute neugierig den Blick.

Auf der Schautafel erfährt man, dass die Senner Pferde als altes westfälisches Kulturgut gelten. Sie stammen von der Biologischen Station Kreis Paderborn-Senne. Zudem gehörten diese charismatischen Tiere bis ins Jahr 1919 nur dem lippischen Fürstenhaus. Heute sind die verbliebenen Pferde in Besitz von engagierten Züchtern. Es ist bis ins 12. Jahrhundert dokumentiert, dass die Senner Pferde eine eigene Pferderasse sind. Sie bestechen durch ihr schimmerndes weißes Fell mit dunklen Beinen und Rückenfell, aber einige Pferde haben auch ein edles braunes Fell. Die sanftmütigen Tiere sind nicht nur schön anzusehen, sondern schaffen durch ihre schweren Pferdehufe offene Sandstellen. So gewährleisten sie gefährdeten und spezialisierten Pflanzen und Tieren einen sicheren Lebensraum. Dies fördert, dass Heiden und Magerrasen weiter bestehen. Und das macht nicht nur die Senner Pferde glücklich, sondern auch Spaziergänger, die die Pferde manchmal vorsichtig streicheln können.

An manchen Tagen hört man den schnatternden Flugruf der Nilgänse, die oft auf der Weide südlich des Güsenhofsees herumstolzieren. Die 70 Zentimeter großen Vögel wirken durch ihre langen Beine und das bunte Gefieder aus Braun- und Beigetönen stattlich. Das Besondere an ihnen ist, dass sie ganzjährig brüten. Und so kann es sein, dass man mitten im Winter putzige Nilgans-Küken beobachten kann.

Ein kleiner Rundgang um den See verzaubert die Sinne. Eine urige Wurzeltreppe führt direkt zum See und die frische und klare Luft sorgt für eine gelungene Auszeit.

- Güsenhofsee, Heideweg, 33104 Paderborn
www.bs-paderborn-senne.de/projekte/beweidung.html
- ÖPNV: Bus H4, Haltestelle Sennelager, Pater-Ewald-Straße
(ab hier ca. 10 Minuten Fußweg)

Erlesene Essenzen

63 Kopf bis Fuß Naturkosmetik am Dom

2006 eröffnete Christine Berg den zauberhaften Naturkosmetikladen Kopf bis Fuß mit dem Ziel, den Kundinnen und Kunden Kosmetik zu verkaufen, die zum Verwöhnen und Wohlfühlen ist. Schon beim Betreten des liebevoll gestalteten Geschäfts erfüllen die wohligen Düfte der Seifen den Raum. Wie man erfährt, sind die Schafsmilchseife oder die Olivenseife eine willkommene Wohltat für die oft gestresste Haut. Aber auch die afrikanische, rückfettende Dudu-Osun-Seife, die Früchte des Sheanussbaumes enthält, findet man in der überaus einzigartigen Angebotsauswahl. Die ausgewählten und qualitativ hochwertigen Kosmetikprodukte stammen aus Frankreich, Griechenland, Schottland und Deutschland. Ein Duschgel heißt Santorini Grape, was spontan an einen sonnendurchfluteten Urlaub auf der gleichnamigen Insel erinnert. Ein anderes Duschgel nennt sich Waldspaziergang, was ein olfaktorisches Fest der Sinne erahnen lässt, und zwar in den Düften Zeder, Zypresse und Wacholder.

Man nimmt sich eine kleine Auszeit in diesem Laden, indem man alle Düfte erschnuppert. Vor vielen Produkten stehen Tester und das Ausprobieren ist ausdrücklich erwünscht. Die Zeit beginnt, sich in eine Verwöhnpause zu verwandeln, und man schwelgt in den außergewöhnlichsten Düften. Und das Beste ist, es sind natürliche Produkte, die die Haut verwöhnen. Zum weiteren Angebot gehören auch klassische bis poppig angehauchte dekorative Kosmetik sowie Bademäntel, Kosmetiktaschen, Handtücher, Waschlappen und Schwämme. Für den Herrn entdeckt man besondere Geschenkideen wie die Whisky-Seife in der wertvollen Dose, Bartpflege- und Rasierartikel sowie Duschgels, Shampoos und Deodorants. In diesem Laden zu stöbern ist wie ein Urlaub für die Sinne. Und wer dann zu Hause mit Produkten duscht, die frei von Mineralölen, Parabenen und Silikonen sind, und sicher sein kann, dass auch keine Tierversuche gemacht wurden, der atmet nicht nur wegen des natürlichen Geruchs durch, sondern auch, weil man sich rundum wohlfühlt, eben von Kopf bis Fuß.

TIPP

Für eine Behandlung bei der Kosmetikerin, die einmal die Woche anwesend ist, telefonisch anmelden.

- Kopf bis Fuß Naturkosmetik, Grube 9, 33098 Paderborn, Tel. (0 52 51) 8 78 58 57 www.kopfbisfuss-pb.de
- ÖPNV: diverse Busse, Haltestelle Rathausplatz

L'OCCITANE
EN PROVENCE
PROMENADE D'HIVER - ÉDITION LIMITÉE
WINTER WALK - LIMITED EDITION
L'OCCITANE
EN PROVENCE
PROMENADE D'HIVER
BEURRE DE KARITE
5%
SHEA BUTTER
A WINTER WALK
LIGHT HAND CREAM
250 ML
L'OCCITANE
EN PROVENCE
TESTEUR
Ne peut être vendu
Not for sale
TESTER
250 ML
L'OCCITANE
EN PROVENCE
LIGHT HAND CREAM
TESTEUR
Ne peut être vendu
Not for sale
TESTER

Sagenhaftes Essen

64 Imbiss Lada beim Berliner Ring

Seit 2013 gibt es im Osten von Paderborn den Imbiss Lada mit einzigartig leckerer russischer Hausmannskost. An originellen Tischen, die kunstvoll aus ehemaligen Paletten gestaltet sind, sitzt man auf Kissen mit Holzmuster auf rustikalen Holzstühlen oder schwarz-weißen Polsterbänken. Die Wand ziert ein kunstvolles Acrylgemälde in Blau, Weiß und Grün, auf dem die slawische Göttin Lada, die zum Schutz dient, als schöne Frau in weißem Gewand dargestellt ist. Sie steht hinter einem anmutigen Schwan, dessen Kopf und Hals mit Goldschmuck umschlungen ist. Man fühlt sich mitten in eine sagenhafte Szene versetzt.

Beim Studieren der Speisekarte kann man sich schwer entscheiden. Alle Gerichte klingen schmackhaft. Egal ob Chebureki (gefüllte Teigtaschen) mit Garnelen und Käse, vegetarisch nur mit Kartoffel oder herzhaft vegetarisch mit gedünstetem Weißkohl und Möhren, Pelmeni (kleine Fleischteigtaschen) oder Wareniki (gefüllte Maultaschen) mit Kirschen, alles lädt zum Genießen ein. Gefüllter russischer Pirog als Dessert mit gebratenem Apfel, Zimt und Vanillesauce klingt ebenso verlockend wie ein Schaschlik-Teller, Borsch oder der russische Salat Vinaigrette mit Roter Bete. Dazu trinkt man eine russische Limonade oder eines der russischen Biere, das man sich aus dem Kühlschrank entnehmen darf. Die Köchinnen sind freundlich und schnell und so wartet man nicht lange, bis man sein Essen an der Theke abholen kann.

TIPP
Vor allem die Chebureki probieren.

Man erfährt zudem, dass das helle, milde Bier „Kleine Mühle“ heißt, und trinkt es genüsslich zu den großzügig portionierten Gerichten. Es fühlt sich so an wie früher, als ob die geliebte Oma gekocht hat, so lecker schmeckt es. Und mit Freude isst man seinen Teller ganz leer, nicht nur, damit das Wetter morgen gut wird, sondern weil es ein zauberhafter Genuss ist, diese herzhaften, gut gewürzten, vollmundigen Gerichte zu verspeisen. Und wer diese märchenhaften Geschmackserlebnisse zu Hause erleben möchte, kann online bestellen oder den Partyservice auf Anfrage nutzen.

- Lada, Arndstraße 23, 33100 Paderborn, Tel. (0 52 51) 54 25 48
  www.lada-paderborn.de
- ÖPNV: Bus 7, Haltestelle Mörikestraße

Sich treiben lassen

65 Kultur Bar Lenz beim Detmolder Tor

Eine Bar mit besonderem Flair in der Innenstadt ist die Kultur Bar Lenz, die das ganze Jahr geöffnet hat. Die Innenräume sind geschmackvoll mit dunkelbraunen Holzstühlen und -tischen sowie dunkelroten Vorhängen eingerichtet. Orangefarbene Tapeten mit dunkelroten Zierstreifenmustern und Fliesen im Schachbrettmuster setzen stilvolle Akzente. Der große Spiegel hinter dem Flügel und die Teelichte sorgen zusätzlich für eine gemütliche Atmosphäre. Draußen sitzt man inmitten von Bambuspflanzen und genießt ein exotisches Ambiente.
In der Kultur Bar Lenz finden regelmäßig jeden Sonntagabend außergewöhnliche Musikveranstaltungen statt. So auch das Konzert vom Indie Songwriter Johnethen Fuchs aus Dresden, der durch melodisch-rockige Songs an der Gitarre mit bluesartigen Mundharmonikaeinsätzen besticht. Johnethen Fuchs & The Woods heißt die ganze Band, die sich 2013 formierte und seit 2014 mehr als 400 Konzerte in ganz Deutschland und den Nachbarländern spielte. Vor allem der rhythmische Song „Little Noises", der von den Erwartungen anderer handelt, ist ein echter Ohrwurm.

TIPP
Freitags und samstags bis 2 Uhr geöffnet.

Während man sich von der Musik des Konzertes treiben lässt und mit den Melodien mitschwingt, kann man in der Kultur Bar aus einer großen Auswahl an Getränken das Lieblingsgetränk wählen. Ausgesuchte Softdrinks, exotische Cocktails, Longdrinks, Prosecco oder zur Feier des Tages ein Champagner laden zum Probieren ein. Milchshakes, verschiedene Rum- und Ginsorten stehen ebenso auf der vielfältigen Getränkekarte. Auch ein Grappa oder ein Baileys beispielsweise können bestellt werden. Eine mehrseitige Karte mit Single-Malt-Whiskys rundet das überaus breite Getränkeangebot ab. Für den kulinarischen Genuss liefert die benachbarte Gastronomie eine Pizza Hawaii oder einen Döner direkt an den Tisch. Eine rundum gelungene Wohlfühlatmosphäre herrscht in der Kultur Bar Lenz und macht den Besuch zu einem wahren Erlebnis. Und wer einmal dort war, der will wieder hin, ob mit Freunden, Familie oder Arbeitskollegen.

ltur Bar Lenz, Heiersstraße 35, 33098 Paderborn, Tel. (0 52 51) 8 78 75 13
www.kultur-bar-lenz.de
● ÖPNV: Bus 2, 3, 6, 28, 68, Haltestelle Detmolder Tor

Leselust für alle

66

Stadtbibliothek Paderborn hinter dem Dom

Wenn es draußen kalt und ungemütlich ist, gibt es einen perfekten Ort, um sich ganz weit weg in sonnige Gefilde zu träumen. Die 1977 eröffnete Stadtbibliothek im ältesten denkmalgeschützten barocken Profanbau Paderborns, der 1676 bis 1678 als Domdechanei errichtet wurde, hat inzwischen mit der Kinderbibliothek in der Rosenstraße ein außergewöhnliches Angebot. 2021 erhielt sie die Auszeichnung „Bibliothek des Jahres".

Von der Decke schwebende Lampen, durchsichtige Glasabtrennungen und großflächige Illustrationen von Andreas Kopp geben im Inneren der Bibliothek vom ersten Moment an ein Gefühl der Weite. Die Sessel laden ein, sich ein Buch auszusuchen und darin in Ruhe zu lesen. Während man einen Kaffee im Lerncafé schlürft, blättert man in einer Esoterikzeitschrift oder in einem Magazin für grünen Lebensstil. Frisch gestärkt begibt man sich in das dritte Obergeschoss, wo man Literatur über Sprache und Berufe sowie Gaming entdeckt. Im zweiten Obergeschoss durchschlendert man die verwinkelten Gänge und weiß gar nicht, was man zuerst lesen soll. Wie wäre es mit einem Buch über Urban Birding oder über die dunkelsten Beobachtungsplätze für den Sternenhimmel? Man lässt sich im wippenden Stuhl nahe der bemoosten Stellwände nieder und beginnt zu träumen. Wer lieber Bücher zum Thema Computer oder Touristik liest, wird in der gleichen Etage fündig. Ebenso entdeckt man schön gestaltete Bücher zum Thema Haus, Natur und Garten.

Zurück im ersten Obergeschoss wähnt man sich im Reich der Literatur für Kunst, Geschichte und Gesellschaft. Egal ob die schönsten Bauwerke der Menschheit oder wie man Projekte erfolgreich realisiert, die Auswahl ist riesig. Im Erdgeschoss ist man überwältigt vom Angebot der Belletristik. Hier findet jeder seinen Lieblingskrimi, aber auch Filme und Musik. Oder man fragt eine der freundlichen Bibliothekarinnen. Während des Besuchs spürt man, dass die Stadtbibliothek ein Ort ist, an dem man sich Zeit nehmen und mit der Kraft der Literatur durchatmen kann.

TIPP

Den Veranstaltungskalender auf der Homepage lesen.

- Stadtbibliothek Paderborn, Am Rothoborn 1, 33098 Paderborn, Tel. (0 52 51) 8 81 42 00, www.bibliothek.live
- ÖPNV: Bus 2, 3, 61, 68, Haltestelle Heiersstraße

A. Kopp 03

Tanzend durchs Leben

67 TanzBau im Gewerbegebiet Dören

Seit 2003 leitet die innovative und kompetente Tanzpädagogin Bettina Broer ein Zentrum für modernen Tanz in Paderborn. Das äußerst breite Spektrum von tänzerischer Früherziehung bis zum modernen Bühnentanz bereichert alle Menschen, für die Tanzen eine Kraftoase ist. Lebensfreude und Leichtigkeit stehen neben zeitgenössischer Methodik im Mittelpunkt, um Tanzfähigkeit, aber auch Persönlichkeitsbildung und Nachhaltigkeit zu erreichen.
Im TanzBau erlebt man den Satz „Jeder Mensch ist ein Tänzer“ von Rudolf von Laban (1879–1958), der ungarischer Tänzer, Choreograf und Tanztheoretiker war. Wer Rhythmus im Blut hat und von Künsten wie Fred Astaire träumt, für den könnte ein Stepptanzkurs genau das Richtige sein. New Dance als moderner Bühnentanz ist für Menschen, die Spaß haben, impulsiv zu tanzen, das heißt, sich beispielsweise mithilfe von kreativen Roll-, Dreh- und Sprungtechniken des Modern Jazz Dance und des klassischen Balletts gekonnt in Szene zu setzen. Aus gehörter Musik werden somit Emotionen über eine besonders anspruchsvolle Choreografie von jedem individuell, aber dennoch einheitlich ausgedrückt.
Wer mit dem anmutigen und kraftvollen Flamencotanz liebäugelt, kann ihn im TanzBau stilsicher erlernen. Es werden nicht nur Tänze und Choreografien erarbeitet, es wird auch „por fiesta“ (für das Fest) im Kreis nach Klängen einer Gitarre, ob nun live oder auf CD, getanzt, geklatscht und gesungen.
Aber auch Tänze wie die lateinamerikanische Salsa oder der Bachata und der Merengue aus der Dominikanischen Republik locken mit ihren einzigartigen Rhythmen und sinnlichen Tanzelementen. Gymnastikkurse wie Körperarbeit nach Bartenieff, der Biodanza-Kurs, bei dem es in erster Linie um Bewegungsfreude geht, sowie Standardtanz, Hochzeitstanz oder K-Pop Dance Cover runden das vielfältige Angebot für Erwachsene ab. Aber auch Kinder und Jugendliche erhalten im TanzBau Wohlfühlunterricht. Der TanzBau ist ein Ort, um seinem tänzerischen Selbst mit Lebensfreude zu begegnen.

TIPP

Junggesellinnenabschied oder tanzbare Geburtstage sind im TanzBau buchbar.

● TanzBau, Steubenstraße 27, 33100 Paderborn, Tel. (0 52 51) 5 43 94 44
www.tanzbau.de
● ÖPNV: Bus 7, 58, Haltestelle Senefelder Straße

Faszinierende Transparenz

68

Glasmalerei Peters in der Südstadt

Im Galerieraum der Glasmalerei Peters vergisst man bei einer Gruppenführung Raum und Zeit. Farblich sortierte 45 mal 45 Zentimeter große Kabinettscheiben dekorieren die Fenster, die sich in der lichtdurchfluteten Galerie befinden. Die Ausstellung nennt sich „Die Suche nach dem Licht der Welt“ und fängt magische Kunstmomente ein. Man ist fasziniert von der von Dana Meyer gestalteten blauen Skyline, die durch ein Ineinanderfließen der Gebäude in Gelb, Blau und Schwarz und der strichförmigen Wasserspiegelung überrascht. Aber auch die Kabinettsscheibe mit dem Flüchtlingsboot und dem Weihnachtsbaum, die zusammen mit der Wasserspiegelung einen Stern bilden, regt zum Nachdenken an.

Aufgemalte grüne Blätter oder Experimente mit Farbe und Material sorgen für Abwechslung beim Beschauen der Kabinettscheiben. Eine rote Kabinettscheibe mit feinstrichigen Quadraten und einem hellen gelb und rot ausgefüllten Quadrat leuchtet besonders und betont die unglaubliche Strahlkraft von Glas, wenn es künstlerisch gestaltet ist. Aber man kann sich nicht nur Kabinettscheiben in der Galerie ansehen, auch Sonderausstellungen wie von Gabi Weiss oder eine der Weihnachtsausstellungen, beispielsweise mit Glasskulpturen von Heiner Düsterhaus, sind einen Besuch wert.

TIPP

Die Kabinettscheiben aus Glas kann man ausleihen oder kaufen.

Die Produktionsstätte der Glasmalerei Peters befindet sich in einem umgebauten Bauernhof in Neuenbeken. Dort gibt es insgesamt zwölf Öfen. Einer von ihnen ist besonders groß, sodass sich Glas in der Größe von 4 mal 6 Metern herstellen lässt. Es wird aber nicht nur neu angefertigt, sondern auch restauriert. Die Zahl der Techniken ist vielfältig: Neben dem Aufmalen oder dem digitalen Bedrucken oder Ätzen bei Antikgläsern gibt es auch Sandstrahlen, Verkleben, Verbiegen und Vergolden. Sensationelle umgesetzte Projekte wie von Graham Jones am Flughafen Hongkong oder wie von Alex Katz in der U-Bahn von New York versetzen in Erstaunen. Es gibt sogar bunt gestaltete Solarzellen. Nützliche Dinge können wirklich schön gestaltet sein.

● Glasmalerei Peters, Am Hilligenbusch 25, 33098 Paderborn, Tel. (0 52 51) 16 09 70
www.glasmalerei.de
● ÖPNV: Bus 61, 68, Uni-Linie, Haltestelle Hilligenbusch

Aus einer anderen Zeit

69 Die Linde auf dem kleinen Domplatz

Nachdem man das Drei-Hasen-Fenster im Dom besucht hat, verlässt man ihn Richtung Kleiner Domplatz. Auf der rechten Seite mitten auf dem Parkplatz fällt ein Baum mit einer besonderen Form auf. Wenn man den Baumstamm von der Seite betrachtet, könnte man meinen, einen Tänzer zu sehen, der sich mit dem Oberkörper wie beim Flamenco weit nach hinten beugt und das rechte Bein anwinkelt. Hier steht aber eine krumm gewachsene Sommerlinde mit einem Umfang von gut 4 Metern, wobei nur noch die Hälfte des Stammes erhalten ist. Die älteren Bestandteile der Sommerlinde sind knorpelig verwachsen und haben eine zerklüftete, gräulich braune Oberfläche, die an manchen Stellen abblättert. Die jüngeren Äste dieser Sommerlinde sind graugrünlich und wachsen zur Seite weg. Herzförmige Blätter schmücken diesen außergewöhnlichen Baum und doldenförmige Blüten hängen in den Sommermonaten in Dreier- oder Vierergruppen auf dem ganzen Baum verteilt. Die Lindenblüten sind eine sehr gute Bienenweide, was man auch an ihrem feinen Duft bemerkt.
Bei genauerem Betrachten entdeckt man die Kennzeichnung als Naturdenkmal am oberen Stamm, der sich zur Seite neigt. Kein Wunder, denn diese Sommerlinde soll gut 600 Jahre alt sein und ist somit der älteste Baum in Paderborn. Das Geheimnis ihrer Langlebigkeit sind die neuen inneren Wurzeln, die vom alten Baumstamm in Richtung Boden wachsen und sich dort verwurzeln und eine junge Krone bilden, sobald der alte Baum abstirbt. Sie ist ein Jungbrunnen in sich. Wer wünscht sich nicht auch eine solche Langlebigkeit? Und wenn man bedenkt, was diese Sommerlinde schon alles erlebt hat. In früheren Zeiten war sie ein Treffpunkt für Versammlungen, also ein Ort für Verkündigungen und Kommunikation, aber auch ein Ort, wo man tanzte und sogar Gerichtsverhandlungen abhielt. Symbolisch betrachtet steht die Linde für eheliche Liebe, Güte, Bescheidenheit und Gastfreundschaft. Und dieses Gefühl hat man, wenn man dieses Urwerk an Natur sieht: Man ist willkommen.

- Linde auf dem kleinen Domplatz, Kleiner Domplatz, 33098 Paderborn
- ÖPNV: Bus 2, 3, 7, 8, 68, Haltestelle Am Bogen

Für den Groove im Leben

70 Musik Aktiv am Nordbahnhof

Wer gerne bei den melodischen Gitarrenklängen von Eric Clapton schmachtet und schon wieder darüber nachdenkt, auch mal zu einer Gitarre zu greifen, für den führt kein Weg an Musik Aktiv vorbei. Denn hier gibt es nicht nur eine riesige Auswahl an schönen Gitarren, sondern man darf sie alle in die Hand nehmen und ausprobieren. Eine freundliche Verkäuferin hilft bei der Suche nach der idealen Gitarre. Eine Elektrogitarre oder doch lieber eine Konzertgitarre als Einstieg? Nylonsaiten oder Stahlsaiten, je nach Schmerzempfindlichkeit der Fingerkuppen? Es dauert nicht lange und man erblickt eine Gitarre, die nur darauf wartet, gespielt zu werden. Eine bräunlich beige changierende, mit Hochglanzlack beschichtete Konzertgitarre. Sie hat einen dekorativen Aufsatz, auf dem ein Kolibri mit Blumen und Schmetterling abgebildet ist. Die äußerst zuvorkommende Verkäuferin präsentiert eine Traumgitarre, die man sogleich in die Hand nimmt. Man setzt sich auf einen der Hocker und klimpert vor sich hin. Es sind noch keine harmonischen Klänge, aber das macht nichts. Schließlich ist man Anfänger und nicht Eric Clapton. Aber mit dieser Gitarre könnte der Traum wahr werden, Songs von Eric Clapton nachzuspielen.

TIPP

Professionelle Reparaturen sind in der dazugehörigen Werkstatt möglich.

Gerd und Maria Schallenberg sind die Gründer von Musik Aktiv, das sich seit 1992 in der Nordstraße befindet. Das Musikgeschäft bereitet seitdem allen Musikliebhabern und Musikliebhaberinnen mehr Lebensfreude. Bei Musik Aktiv gibt es aber nicht nur Gitarren, sondern auch Bässe, Drums, Tasteninstrumente sowie Blasinstrumente und Studioequipment sind in diesem Musikladen in großer Auswahl erhältlich. Weiterhin kann man auch DJ-Sets, Mikrofone, Verstärker oder Noten kaufen. Um dieses Angebot gelungen abzurunden, sind die Musikinstrumente und das Zubehör auch online erhältlich. Die Frage, mit welchem Musikinstrument man anfangen sollte, erübrigt sich: am besten mit dem Instrument, das man am liebsten spielen möchte. Carpe diem. Beginne jetzt, denn Musik macht garantiert glücklich.

- Musik Aktiv, Nordstraße 15, 33102 Paderborn, Tel. (0 52 51) 8 99 00 www.musik-aktiv.de
- ÖPNV: Bus 2, 5, Haltestelle Nordbahnhof

Legionären auf der Spur

71

Römerlager Anreppen

Es ist wirklich kaum zu glauben, wenn man diese historische Stätte betritt. Dieses Römerlager existierte von 27 v. Chr. bis 14 n. Chr. Manche kennen Kaiser Augustus, der damals regierte und von dem der Spruch „Germanien habe ich befriedet“ *(Germaniam pacavi)* stammt, aus der Weihnachtsgeschichte. Wirklich sagenhaft ist die Entdeckung des ehemaligen römischen Lagers. Es wurde von spielenden Kindern entdeckt, die im Jahr 1967 hier Keramikscherben fanden. Schließlich gelangten die Scherben in die Hände von Anton Doms, der dann 1968 das Römerlager freilegte. Das 23 Hektar große Militärlager lag am Südufer der Lippe und hatte die Form eines unregelmäßigen, länglichen Ovals. Zwei Wehrgräben und eine Holz-Erde-Mauer sorgten für Schutz des Innenraums. Der damalige Feldherr Tiberius, der später nach Augustus Kaiser wurde, gründete dieses Römerlager im späten Jahr 4 n. Chr. Höchstwahrscheinlich wurde das Lager 9 n. Chr. im Zuge der verlorenen Varusschlacht von der Truppe angezündet und somit vernichtet, um germanischen Plünderungen vorzubeugen.

Wer dieses Land mit römischer Vergangenheit betritt, erkennt die wiederhergestellten Gräben. Mit ein wenig Fantasie kann man sich die ehemaligen Gebäude dank der Schautafeln vorstellen. Auch die Größe des Heeres von 28 Legionen und wie die Legionäre gekleidet waren, wird anschaulich dargestellt. Neben den Tuniken, den typischen Sandalen und der notwendigen Bewaffnung mit Dolch und Kurzschwert erhält man einen einzigartigen Einblick in die alltäglichen Gegenstände eines römischen Soldaten, zu denen auch Helm, Schild, Kettenhemd und Wurflanze gehörten.

Auf einem breiten Weg geht man neugierig zu den Verteidigungsgräben hinter der Hecke, die zusammen mit einem Abwasserkanal und dem Wegesystem rekonstruiert sind. Man erlebt eine magisch-anschauliche Geschichtsstunde und eine Zeitreise, bei der man glücklich feststellt, wie stark doch die Germanen waren. Und Tacitus schrieb einst: „Niemand auf der ganzen Welt übertrifft die Germanen an Treue.“

TIPP

Bei der Stadt Delbrück kann man eine Führung buchen.

- Römerlager Anreppen, 33129 Delbrück
  www.anreppen.de/de/das-dorf
- ÖPNV: Bus 445, R45, Haltestelle Lippebrücke

In Geschichte eintauchen

72 Erzbischöfliche Akademische Bibliothek am Kasseler Tor

Der älteste Vorläufer der Erzbischöflichen Akademischen Bibliothek ist die Bibliothek des Paderborner Domklosters von 799. Die Domschulbestände begründen ihrerseits die 1604 gegründete Kollegbibliothek der Jesuiten, aus der 1614 die Bibliothek der neu gegründeten Paderborner Universität (heute Theologische Fakultät) hervorging. Im März 1945 wurde die Hälfte der Bestände vernichtet. Trotzdem konnte einiges gerettet werden, so auch eine Pergamenthandschrift aus dem Jahr 840.

Zum Bestand der Erzbischöflichen Akademischen Bibliothek zählen neben sehr alten Urkunden und Karten gut 340.000 Bände mit 750 Inkunabeln (Wiegendrucken) und 1100 Handschriften, teilweise aus dem Mittelalter. Unter den Inkunabeln wähnt sich ein halbes Pergamentblatt einer Gutenberg-Bibel und eine komplette Kölner Bibel von 1477/78. Aber auch das Archiv des Vereins für Geschichte und Altertumskunde Westfalens findet man hinter dem weißen Gemäuer mit den hohen Glasfenstern, dessen Leiter Professor Dr. Hans-Walter Stork ist.

Jeder, der an den Büchern Interesse hat, darf diese Bibliothek nutzen. Wenn man Bücher der Präsenzbestände ausleihen möchte, muss man sich anmelden, aber die Nutzung ist kostenlos. Für Handschriften, Inkunabeln und andere wertvolle Drucke gelten Nutzungsbeschränkungen. Den Lesesaal der Präsenzbibliothek darf man auch ohne Ausweis nutzen. Hier fällt eine Statue auf: die Patronin Sankt Katharina von Alexandrien, eine vollrund geschnitzte Halbfigur aus der Mitte des 17. Jahrhunderts, die andächtig auf das Buch in ihrer Hand blickt. Inspiriert von dieser Geste geht man auf der Holztreppe den verwinkelten Gang zur Empore hoch und entdeckt neue Regale mit Büchern. Man zieht ein Buch heraus, dessen roter Einband verblichen ist. Die Aufschrift glänzt golden. Am Lesetisch lässt man sich in einen der Holzstühle sinken und taucht in eine spannende Biografie ab, die aus alten Zeiten erzählt. Und eine freundliche Bibliothekarin, die jedes Buch zu kennen scheint, hilft immer bei der Suche.

TIPP

Im Eingangsbereich ist eine Stadtansicht von Paderborn aus dem Jahr 1719 zu sehen.

- Erzbischöfliche Akademische Bibliothek, Leostraße 21, 33098 Paderborn, Tel. (0 52 51) 2 06 58 00, www.eab-paderborn.de
- ÖPNV: Bus 4, 9, 61, 68, 432, 479, Haltestelle Kasseler Straße

7.
8.
Friedrich
bis
Gering.
9.
10.
11.
12.
Heyfel - Holste
13
14.
I 60
Deutsche Biographie.
24.
25.
26.
27.
28.
29.
30.
Allgemeine Deutsche Biographie
31
32.
33.

Verspielt farbenfroh

73 Selbstgemachtes – 2 Froilleins Werkstatt

Nach einem Besuch des Doms und der Linde auf dem kleinen Domplatz kann man einen Abstecher in die Hillebrandstraße wagen. Hier entdeckt man zauberhaftes Selbstgemachtes der „2 Froilleins", hinter denen sich sieben Damen und ein Herr verbergen und somit immer für Nachschub sorgen. 2018 eröffneten sie „2 Froilleins" in der Hillebrandstraße und verschönern seitdem zahlreiche Wohnungen mit ihren liebevoll hergestellten Dekorationen. „2 Froilleins" lassen ihrer Kreativität neben ihrer Vollzeitbeschäftigung in Form dieses Hobbys freien Lauf und versorgen somit viele Menschen mit hübschen Kleinigkeiten, die jedes Zuhause schmücken.

„2 Froilleins" begannen damit, ihre Kleinode erst auf Kunsthandwerkmärkten anzubieten, und sind seitdem auch jedes Jahr zu Libori auf dem Pottmarkt zu finden. In dem kleinen, schnuckeligen Laden sind harmonische, farblich eindrucksvolle Bilder von Ulla Leißmann zu sehen und natürlich Schmuck für jedermann, handgemacht aus Fimo. Aber auch Babyschuhe, Schnullerbänder, Schnuffeltücher, Lätzchen, Kissenbezüge und Sofakissen kann man sich aussuchen. Und egal, welch außergewöhnlicher Name oder Spitzname, man kann diese schönen Sachen personalisieren lassen – für sich oder die Liebsten. Auch das Drei-Hasen-Motiv kann auf einem reizvollen Sofakissen verewigt werden. Man findet es auch auf einigen Schmuckanhängern, ebenso wie süße Kätzchen und weitere beflügelnde Motive.

TIPP

Auf der Schuhferse personalisierte Babyschuhe als Mitbringsel erwerben.

In dem Laden zu stöbern, macht viel Freude, weil es in jedem Winkel etwas zu entdecken gibt. Auch in der weißen Kommode findet man Geschenkschachteln, die wie Torten aussehen, und zwar für alle möglichen Anlässe wie Geburtstag oder Hochzeit. Und zur Weihnachtszeit ist es besonders schön, bei „2 Froilleins" zu suchen, weil beispielsweise naturnaher Engelsschmuck eine überraschende Alternative darstellen kann. Weil „2 Froilleins" ihrem Hobby frönen, kann man ihnen hier dienstags bis donnerstags von 17 bis 19 Uhr sowie samstags von 10 bis 13 Uhr einen wirklich lohnenswerten Besuch abstatten.

- Selbstgemachtes – 2 Froilleins Werkstatt, Hillebrandstraße 2, 33102 Paderborn, Tel. (0 52 51) 8 77 08 77
- ÖPNV: Bus 5, 6, 28, 61, 68, Haltestelle Maspernplatz

Zauberhaftes Überbleibsel

74

Naturschutzgebiet Moosheide in Hövelhof

Auf einer Fläche von 440 Hektar liegt das Naturschutzgebiet Moosheide zu zwei Dritteln in Hövelhof und zu einem Drittel in Schloß Holte-Stukenbrock: eine Heidefläche umrahmt von Eichen und Buchen oder Wälder mit hohen Kiefern, unter denen im Sommer Heidelbeeren wachsen, oder einzelne Birkengruppen auf weiter Heidefläche. Das ist typisch für das größte Naturschutzgebiet der Senne. Aber vor allem der Sand, der in bis zu 60 Metern Tiefe als Schichten durch die Gletscher der Eiszeit vor über 200.000 Jahren zurückgelassen wurde. Kraftvolle Sennebäche und harte Menschenarbeit erschufen die Kastentäler, in denen fruchtbare Wiesen und Weiden entstanden. Es wurde Heu gewonnen und beweidet, wodurch die Flächen offengehalten wurden. Der Bach wurde gestaut, um dann die Wiesen zu düngen. Die reizvolle Kulturlandschaft der Senne besteht aus Heide, Trockenrasen und Dünen sowie Feuchtwiesen, Auengebieten und Wäldern.

Der Wanderweg Heideland lädt zu einem naturverbundenen Spaziergang ein, bei dem man frische Kraft sammelt und eine herrliche Draußen-Zeit erlebt. Wenn man auf dem Hauptweg vom Parkplatz kommend rechts abbiegt, läuft man auf einem natürlich belassenen Waldweg, der mit Baumwurzeln und an manchen Stellen mit roten Steinen durchsetzt ist. Zudem fühlt man den weichen, sandigen Boden. Neben diesem Weg fließt die Ems in einem Sandbett, das bis zur Nordsee besteht. Die Emsquellen entspringen in der Nähe als Sickerquellen. Wenn man weiterläuft, fallen moosbewachsene, umgefallene Baumstämme auf. Mit viel Glück kann man sogar die typische Heidelerche in ihrem bräunlichen Federkleid, die während des Fluges melodisch singt, auf einer halboffenen Heidefläche beobachten.

Jede Jahreszeit hat in der Moosheide ihren Reiz, aber vom 08.08. bis 09.09. als Faustregel blüht die Heide in königlichem Purpurrot. Und wer weiter nördlich wandert, kann die elegant-anmutigen Senner Pferde von Mai bis Oktober beobachten. Die Moosheide ist fernab jeder Hektik und vermittelt zauberhafte Heimatgefühle.

TIPP

Den Anhänger HeimatErde von linie-c aus Paderborn mit Moosheider Sand füllen.

- Naturschutzgebiet Moosheide, Emser Kirchweg, 33161 Hövelhof
  www.teutoburgerwald.de/heideland-rundwanderweg-hoevelhof
- ÖPNV: Bus 2420, Haltestelle Unterems (ab hier ca. 20 Minuten Fußweg)

Edle Schatztruhe

75 Die Welt der Steine an der Westernmauer

Wer von geheimnisvollen, unterirdischen Höhlen und deren unermesslichen Schätzen träumen möchte, entdeckt bei Welt der Steine alle möglichen Halbedelsteine in allen Formen und Farben, von kristallklar bis milchig und von weiß über gelb, rot, grün, blau, violett bis schwarz. Um diese Schätze bewundern zu können, muss man keine beschwerlichen Fahrten und Ausgrabungen auf sich nehmen, es reicht ein kleiner Abstecher in diesen Laden an der Westernmauer, nahe der Königstraße.

Dekorative Bergkristalle, die funkeln und glitzern, erzählen von einer anderen Welt. Geschliffene Achatscheiben in Grautönen berichten vom Zauber der Natur. Figuren aus Rosenquarz faszinieren durch ihre rosafarbene Farbgebung, die der oft milchige Rosenquarz den Elementen Mangan und Eisen zu verdanken hat. Von hellgrün bis schwarzgrün changierende Steine aus Malachit legen offen, wie sich dessen einzelne verschiedenfarbige Schichten gebildet haben. Je nach Lichteinfall üben diese Steine einen ganz besonderen Reiz aus. Seine Farbe ist dem enthaltenen Kupfer geschuldet. Buddha-, Engels- und Tierfiguren aus tiefblauem Lapislazuli, aus hellgrünem Jade oder durchsichtigem Bergkristall strahlen um die Wette mit den zartgrünen Aventurin-Halsketten oder lilafarbenen Amethyst-Halsketten sowie Halsketten aus dem schmeichelnden Rosenquarz.

Ein weiterer Blickfang sind die kleinen, geschliffenen und polierten Steine. Optisch interessante Steine wie Falkenauge, Tigerauge, Leopardenfell-Jaspis oder farblich ansprechende Steine wie Türkis oder durch ihre Namen Neugier weckende Steine wie Goldfluss, Mondstein, Schneeflocken-Obsidian runden das vielfältige Angebot ab. Wenn man eine eigene Kette aus Halbedelsteinen basteln möchte, findet man passende Kugeln und Anhänger. Ebenso sind stimmungsvolle Salzkristall-Lampen, die eine angenehme Atmosphäre zu Hause verbreiten können, in diesem Laden erhältlich. Kurzum: Ein Halbedelstein-Geschenk ist zeitlos und stillt die Sehnsucht des Menschen nach Verbundenheit mit der Erde.

- Welt der Steine, Westernmauer 62, 33102 Paderborn, Tel. (0 52 51) 2 14 91
- ÖPNV: Bus 1, 5, 6, 11, 28, 68, Haltestelle Neuhäuser Tor

Wie im Auenland

76 Beke-Lippe-Mündung

So muss sich wohl Bilbo gefühlt haben, als er den Weg zurück ins Auenland lief. Neben einem kleinen Flüsschen zwischen Bäumen gehen, die wohl schon seit Urzeiten am Flussufer wachsen und mit ihrem grünen Kleid das Wohlbefinden des Wanderers erhöhen, und mit jedem Schritt wissen, dass man dem Ziel näher kommt. Üppig wachsende Weiden säumen neben Eschen, Eichen und Pappeln den Weg in der Lippeniederung, einem fast 160 Hektar großen Naturschutzgebiet zwischen Bad Lippspringe und Mastbruch. Der Weg ist Teil des 5,8 Kilometer langen Marienloher Lipperundwegs, eines Paderborner Rundwanderwegs. Links von der Beke schlendert man an Pferdekoppeln und Heuwiesen vorbei. Dann wechselt man über eine Brücke auf die rechte Seite und findet schließlich nach einer kurzen Zeit auf einer Brücke zu Beginn des Waldes den ersehnten Ausblick auf die Beke-Lippe-Mündung.

Die Beke entspringt im Altenbekener Ortsteil Buke und legt 16,7 Kilometer bis zu dieser Mündung zurück. Sie fließt an dieser Stelle in Marienloh in die 220 Kilometer lange Lippe, die südwestlich von Wesel in den Rhein mündet. In Schloß Neuhaus mündet Deutschlands kleinster Fluss, die Pader, in die Lippe. Der Name Lippe hat seinen Ursprung in der lateinischer Bezeichnung Lupia, beispielsweise vom römischen Geschichtsschreiber Tacitus so genannt. Die Lippe entspringt im Arminiuspark in Bad Lippspringe und ihr fließt der fast 2 Kilometer lange Jordan in der Kernstadt von Bad Lippspringe zu. An späteren Stellen nimmt sie nicht nur das Wasser der Beke und Pader auf, sondern auch das Wasser der Alme und Thune. Beim Paderborner Stadtteil Sande wird die Lippe seit 1986 zum Lippesee gestaut.

Wenn man auf der Brücke zur Beke-Lippe-Mündung steht, sieht man die Beke von links in die Lippe fließen. Am Grund der Lippe erkennt man dunkle Kieselsteine, die sich mit helleren reizvoll abwechseln. Hier spürt man die starke Sehnsucht des Wassers, weiter und weiter zu fließen. Und diese Sehnsucht strahlt harmonische Leichtigkeit aus.

- Beke-Lippe-Mündung, 33100 Paderborn-Marienloh
- ÖPNV: Bus 2, 52, Haltestelle Schlesierweg

Entspannung pur

77 Waldbad in Schloß Neuhaus

Die Luft duftet nach dem feinwürzigen Baumharz der hohen Kiefern, sobald man die großzügig angelegte Liegewiese in sattem Grasgrün barfuß betritt. Bereits in den frühen Morgenstunden kann man das Waldbad besuchen und seine Bahnen im 50-Meter-Schwimmbecken geruhsam ziehen. Das Wasser umspült wohltuend den Körper und erfrischt Leib und Seele. Wer möchte, kann sich auf dem Rücken einfach nur im Wasser treiben lassen. Dabei kann man Wolken beobachten, die vorüberziehen, und die verschiedenen Wolkenformen deuten. Ist das nicht ein Pferd, wenn nicht sogar ein Einhorn? Das könnte eine Schnecke sein oder ist es doch ein exotischer Vogel? Und das ist garantiert ein Igel. Moment, er verwandelt sich in einen Hund. Die Zeit fühlt sich auf wunderbare Weise schwerelos wie man selbst an und eine wohlige Entspannung macht sich breit. Diese willkommene Auszeit ist Balsam für die Seele.

TIPP

Das Waldbad ist täglich von Anfang Juni bis Mitte September geöffnet.

Wer einen kleinen Adrenalinkick braucht, kann auch aus 1 oder 3 Metern Höhe ins Schwimmbecken hüpfen. Geübte Hüpfer vollführen dabei kleine Kunststücke. Für ein Kribbeln in der Magengrube kann man auf einer der beiden Rutschen sausend ins kühle Wasser rauschen. Rutschanfänger probieren erst einmal die hellblaue Rutsche aus, während Rutschprofis sich auf der luxuriösen, extrabreiten Edelstahlrutsche vergnügen. Auch für die jüngsten Besucher gibt es das entsprechende Angebot. Im Babybecken probieren sich die Kleinsten erst mal aus, um später die Hürde zum Schwimmkurs besser überwinden zu können. Wer mit Schwimmen gar keinen Vertrag hat oder es einfach noch nicht gelernt hat, kann im Waldbad auch genießen. Ein Becken extra für Nichtschwimmer garantiert angstfreies Planschen im Element Wasser.

Nicht nur Schwimmen ist im Waldbad ein Thema. Abseits des Wasservergnügens kann man Volleyball spielen oder einem kleinen, runden Lederball hinterherjagen, damit er beim Gegner im Tor landet. Es lohnt sich auch, Tischtennisschläger mitzubringen und eine flotte Runde mit Freunden oder der Familie zu spielen.

- Waldbad, Hermann-Löns-Straße 129, 33104 Paderborn, Tel. (0 52 54) 23 08
www.paderbaeder.de
- ÖPNV: Bus 58, Haltestelle Hermann-Löns-Stadion

Schöne Dinge mit Herz

78 Dhokan – Schmuck, Kunst & Wohnen beim Theater

Wer außergewöhnlichen Schmuck, ausgefallene Lampen und besonders geschmackvolle Möbel sowie bereichernde Accessoires aus der ganzen Welt mit Fair-Trade-Aspekt sucht, wird bei Dhokan („kleiner Laden") schnell fündig. Hier gibt es für jeden ein passendes Souvenir oder Mitbringsel, das von einzigartiger Eleganz und Schönheit ist. Silber- und goldglänzende Ohrringe, Anhänger oder Ringe mit Edelsteinen wie dem intensiv roten Granat, dem grün schimmernden Smaragd, dem unvergesslichen blauen Saphir oder dem 60 Millionen Jahre alten, in vielen Farbfacetten glänzenden Opal sorgen für klopfende Herzen bei Frauen, die sich spontan in Schmuck verlieben können. Für sehr individuelle Wünsche kann man sich sogar einen losen Edelstein von einem mit Dhokan befreundeten Goldschmied verarbeiten lassen.

Faszinierende weibliche Bronzefiguren aus Burkina Faso in Westafrika bringen zusätzlich die weite Welt direkt nach Hause. Eine edle indische Tempeltänzerinnenfigur entführt in Welten, in denen Scheherazade zauberhafte Geschichten erzählt. Zahlreiche Buddhafiguren, aus Holz oder in Bronze gefertigt, dekorieren originelle Massivholzmöbel aus Indien, Ägypten, dem Nahen Osten und Indonesien. Und sie werden garantiert fair gehandelt und zum Teil aus Recyclingmaterialien gefertigt, denn Nachhaltigkeit ist bei Dhokan seit der Eröffnung im Jahr 2002 ein wichtiges Thema.

In diesem mit viel Seele geführten Laden erfährt man schon beim Betreten eine Entschleunigung, wenn man dem sanften Plätschern des Steinbrunnens lauscht. Ein wenig fühlt man sich auch wie auf einem orientalischen Basar, der so viele Kostbarkeiten anpreist, dass man beim Stöbern abschalten und sich an der Schönheit der Kleinode erfreuen kann. Die zauberhaften Lichtspiele der exotischen Lampen strahlen eine wohlige Atmosphäre aus, die man noch lange in sich spürt, auch wenn man diesen kleinen, feinen Laden schon verlassen hat – vielleicht mit einem kleinen Geschenk für sich selbst oder die allerbeste Freundin der Welt.

- Dhokan – Schmuck, Kunst & Wohnen, Grube 10, 33098 Paderborn, Tel. (0 52 51) 28 13 77, dhokan.de
- ÖPNV: diverse Busse, Haltestelle Rathausplatz

Flauschiges Glück

79 Alpakas vom Ellertal

Große schwarze Kulleraugen umrahmt von langen Wimpern blicken den Gästen treuherzig entgegen. Während man mit der einen Hand das Futter präsentiert, kann man mit der anderen Hand den langen Hals des Alpakas streicheln. Das oft von der Sonne gewärmte Alpakafell ist wohlig weich. Doch bei der Aufzucht dieser flauschigen Tiere ist eines zu beachten: Es sind Distanztiere und sie dürfen im ersten halben Jahr nach Geburt nicht gestreichelt werden. Die sonst überwiegend in den Anden lebende und domestizierte Kamelart lebt das ganze Jahr über im Ellertal draußen, da ihr nicht fettiges Fell aus wärme- und kälteisolierenden Hohlfasern besteht. Die Alpakas werden einmal im Jahr zwischen Ende April und Anfang Juni geschoren und es gibt 22 verschiedene Fellfarben, wobei das weiße das wertvollste Fell ist.

TIPP

An den Alpakas vom Ellertal führt der Paderborner Karstrundweg vorbei.

Antonius und Lydia Koch starteten 2019 mit vier Alpaka-Stuten. Mit der weißen Inesta, der grauen Rosana, der weißen Happy Eye und der braunen Philomena begann ein neues Lebensgefühl im Ellertal. Die Alpakas haben nämlich die Eigenschaft, jedem ein Lächeln ins Gesicht zu zaubern. Wer einmal eine zweistündige Alpakawanderung durch das liebreizende Ellertal gemacht hat, weiß um den Wellnessfaktor, wenn der kinderfreundliche schwarze Alpakahengst Black Bear, der ursprünglich aus Sachsen stammt, mutig die Truppe aus zehn Hengsten anführt. Die gehalfterten Hengste schreiten im Alpakatempo durchs Ellertal, während man Wissenswertes über die Alpakas erfährt und zwischendurch eine kleine Pause einlegt. Weiterhin können Familien mit kleinen Kindern eine Alpaka-Schnupperstunde erleben. Aber auch Hochzeitspaare und Geburtstagskinder können die Alpakas für ein Event buchen.

In der Alpaka-Lounge und online kann man zahlreiche Alpakaprodukte kaufen, wie Socken, Handschuhe, Oberbetten und sogar Seife. Und wer ein Herz für Holzmöbel hat, wird im Ellertal zusätzlich erfreut. Aber in erster Linie wird man vom entspannten Wesen dieser Fellnasen angesteckt und ein Besuch wirkt lange nach.

- Alpakas im Ellertal, Grundweg 89, 33100 Paderborn-Dahl, Tel. (01 51) 19 63 69 71 www.alpaka-ellertal.de
- ÖPNV: Bus 4, 24, 43, 47, Haltestelle Iggenhauser Weg (ab hier ca. 10 Minuten Fußweg)

Wärme in jeder Beziehung

80 Annikas Teezauber beim Dom

Die Nähe zur Natur ist der freundlichen Annika Dransfeld, Inhaberin von Annikas Teezauber, beim Abmischen der magischen Teesorten sehr wichtig. Und so haben alle Tees, die sie anbietet, keine künstlichen Aromen, sondern gefriergetrocknete Früchte, so als wären wirklich echte Früchte im Tee. Bereits seit 2011 bietet sie die selbst kreierten Biotees auf regionalen Wochenmärkten an und hat 2016 einen Laden in der Nähe des Doms eröffnet. Schon beim Betreten des kleinen, idyllischen Ladens riecht man das säuerlich-fruchtige Aroma und die duftenden Kräuter, die in den verschiedenen Teesorten enthalten sind. Ein Erschnuppern und ausführliches Anschauen der Teesorten ist hier ausdrücklich erwünscht und von der äußerst freundlichen Bedienung ermöglicht. Und so kann man sich nur schwer entscheiden, ob es der Kräutertee „Bergträumerei" sein soll, der mit nach Melisse, Apfel und Holunder duftenden Traumreisen trübe Tage vergessen lässt. Und auch der Geruch vom „Paderfrüchtchen", der als Früchtetee mit Bananenchips, Weinbeeren und Zimt sämtliche Geschmacksregister zieht, erzeugt Wohlfühlmomente mit Sommerurlaubsgedanken für den Alltag. Und dann ist da noch der Duft der „Winterfantasie" mit Apfelstückchen, Orangenschalen, Rosenblütenblättern und winterlichen Gewürzen wie Zimt und Kardamom, der die Seele von innen wärmt, und man ist sich sicher, dass er ein grenzenlos einzigartiges Teegenießerglück schenkt. In Gedanken sitzt man schon am knisternden Kamin und spürt die Magie, die nur Tee vollbringen kann.

TIPP

Wer nicht in Paderborn wohnt, kann im Onlineshop jederzeit Nachschub des Lieblingstees ordern.

Bei Annikas Teezauber erhält man auch Hals- und Rachentees für die herbstliche Erkältung. Zudem hat der Laden Kräutertees wie den „Meditationstee", der zum Atmen und Entspannen anregt, oder „Sanfte Träume", der schlaffördernd wirkt. Zum Sortiment gehören ebenso magenmilde Tees wie manche Früchtetees sowie Eistee, zum Beispiel die „Kühle Lippe", Schwarztee und Einzelkräuter wie Salbei und Fenchel. Weiterhin gibt es ionisiertes Wasser, mit dem man alle Tees kalt aufgießen kann.

● Annikas Teezauber, An der Alten Synagoge 1, 33098 Paderborn, Tel. (01 76) 31 21 51 53, www.teezauber.net
● ÖPNV: Bus 2, 3, 7, 8, 68, Haltestelle Am Bogen

Teezauber
Paderfrüchtchen
Früchtetee
Mango - Maracuja - Orange
Menge: 15 - 20 g/l
Wasser: 100°C
Ziehzeit: 10 – 12 Minuten
Zutaten:
Weinbeeren (Weinbeeren, pflanzl. Öl), Bananenchips (Bananen, Kokosöl, Rohrzucker, Honig), Hibiskusblüten, Süßholzwurzel, Mangostücke, Orangenschalen, Zimt geschrotet, natürliches Aroma, Ringelblumenblüten
Der Premiumtee in Manufakturqualität ist BIO-zertifiziert nach DE-ÖKO-039
100g

Für meine Glücksmenschen
Ralf, Moritz, Marie und Madita

Bibliografische Informationen der Deutschen Nationalbibliothek
Die Deutsche Nationalbibliothek verzeichnet diese Publikation in der Deutschen Nationalbibliografie; detaillierte bibliografische Daten sind im Internet über http://dnb.d-nb.de abrufbar.

Konzeption/Satz: Droste Verlag, Düsseldorf
Einbandgestaltung und Illustrationen: Britta Rungwerth, Düsseldorf, unter Verwendung von Bildern von © Fotolia.com: jd - photodesign.de; © iStock: Plociennik Robert
Textlektorat: Stephanie Mattner, Herne
Fotos: Kristin Fieseler, außer:
S. 27: Roman Dürksen; S. 31: Konfuzius Institut Paderborn; S. 33: Philipp Sasse; S. 35: Karsten Ollesch;
S. 59: Ralf Fieseler; S. 63: Viktor Dückmann; S. 67: Frederike Gaida-Brakhane; S. 71: abcmedia/stock.adobe.com;
S. 81: Tobias Kreft; S. 141: Achim Steinkuhle; S. 155: Kreis Paderborn/Schindler
Das Bild auf S. 129 zeigt ein Werk der Künstlerin Yasmin Alt.

FSC
www.fsc.org
MIX
Papier aus verantwortungsvollen Quellen
FSC® C011279

Druck und Bindung: LUC GmbH, Greven
ISBN 978-3-7700-2378-3

www.droste-verlag.de